D0838618

ÉVANGÉLINE DEUSSE

Photographie de la couverture : Guy Dubois

Toute adaptation ou utilisation de cette œuvre, en tout ou en partie, par quelque moyen que ce soit, par toute personne ou tout groupe, amateur ou professionnel, est formellement interdite sans l'autorisation écrite de l'auteur ou de son agent autorisé.

Leméac Éditeur remercie le ministère du Patrimoine canadien, le Conseil des arts du Canada, la Société de développement des entreprises culturelles du Québec (SODEC) et le Programme de crédit d'impôt pour l'édition de livres du Québec (Gestion SODEC) du soutien accordé à son programme de publication.

ISBN 978-0-7761-0049-4

Imprimé au Canada

ANTONINE MAILLET

ÉVANGÉLINE DEUSSE

LEMÉAC

Évangéline Deusse
d'Antonine Maillet
par
Henri-Paul Jacques

«Ouvrez-vous le bec et pornez-les de la gor-
ge votre cri, coume ça: couac... couac!
C'est coume ça qu'i' faisont les goèlands.
Ils avont l'accent du pays, zeux!»

«T'as la senteur de sel qui te chatouille les
battants du nez; pis t'as le cri des goèlands
dans les oreilles; pis t'as des lames pus
grousses que d'accoutume dans les yeux
par rapport aux marées hautes; *pis sus la
peau, ben t'as une maniére de grous picots*
coume si c'était de la chair de poule. ...T'en
as la gorge sec...»

On m'a donné Évangéline Deusse *à lire. À la
troisième ligne, le texte écrit a brusquement dispa-
ru sous mes yeux pour devenir LA PAROLE.
Je ne lisais plus, j'entendais une voix «rauque»
comme le couac des goélands, pleine «de sel dans
la gorge et de nordet dans les pommons», avec
«de la crache entre les palais»; une voix bien
vivante, vieillotte, un peu cassée, qui «dénigeait»
de vieux mots acadiens débités dans l'accent du
pays. J'entendais la voix admirable et émouvante
de* La Sagouine, *mais c'était aussi la voix ensor-
celante d'Évangéline. Après un peu plus d'une*

heure, quand cette voix se tait, « sus la peau, ben t'as une maniére de grous picots » ; pendant un long moment, un très long moment, on reste ensorcelé, fasciné, à se répéter c'est beau ! *On voudrait rester sous le charme et l'envoûtement de la parole, on voudrait continuer d'écouter cette parole sans l'interrompre de questions futiles, en la laissant réverbérer en soi-même ses propres échos...*

RÉSUMÉ DE LA PIÈCE

Cette pièce ne se résume qu'à grands traits, grossièrement, parce qu'elle tient toute dans et autour d'Évangéline, une «parsoune» profondément enracinée dans la vie, qui vit et se raconte à son insu devant nous; parce qu'on ne résume pas Évangéline, pas plus qu'on ne définit la vie, parce qu'il serait stérile de paraphraser Évangéline. Il nous suffira de souligner de l'extérieur une succession de situations et de tableaux.
Pièce en deux actes et cinq tableaux, quatre personnages (une femme et trois hommes) à se retrouver aujourd'hui dans un petit parc public de Montréal.

Premier tableau, en mai : « les présentations »

Un passeur de carrefour, LE STOP, accompagne vers le petit parc un rabbin qui s'installe à l'écart; puis LE STOP reprend son travail et revient avec Évangéline qui s'assoit devant nous avec un plant de sapin. Tout en le transplantant près d'un arbre adulte, elle nous parle avec ferveur de son «âbre des bois... pis des côtes», de «chus nous», de son arrivée à «Mâtréal», de son garçon Robert qui lui a envoyé le sapin, de son «darnier» chez qui elle habite et de sa bru qui préfère à l'odeur du sapin dans la maison une «senteur en can Evergreen», de son voyage de départ en exil... Pendant ce temps, mine de rien, elle tente à maintes reprises de lier la conversation avec LE STOP qui ne répond que par des monosyllabes malgré son intérêt pour les longs monologues d'Évangéline et son empressement à l'aider.

LE STOP retourne encore une fois vers la rue et ramène avec lui le dernier personnage. C'est un Breton. Il déballe un bateau qu'il est en train de sculpter. Évangéline vient s'asseoir à côté et, pour «lancer» le nouveau venu, il lui suffit d'une seule phrase: «C'est une goélette?» Pour le coup, les monologues d'Évangéline se font plus courts et plus espacés. Ces deux-là se trouvent rapidement des points communs: ils sont pareillement «d'une race de navigueux»; ce que «la bru a beau noumer des clams», Évangéline «les appelle des coques», mais le Breton aussi; et chacun de se présenter et d'indiquer son pays d'origine. LE STOP, qui n'a pas perdu un seul mot de la conversation, a le malheur d'attirer l'attention sur lui par un rire bref et un peu niais. C'en est trop pour *la curiosité d'Évangéline à qui le Breton s'est déjà beaucoup livré. Comme toutes les curieuses du monde, elle affirme son désintéressement par un «c'est pas pour saouère ben...» mais harcèle aussitôt LE STOP de ses questions: il était «habitant» avant de venir à la ville et maintenant il «travarse le monde»; fortement pressé et comme gêné, il avoue (le mot est juste) «être sorti» du Lac Saint-Jean pour chercher du travail à Montréal; on n'a pourtant pas encore appris son nom. Philosophe sans le savoir, Évangéline épilogue longuement sur le métier de «travorsier... d'un sidewalk à l'autre», des «travorsiers... sus l'eau» et sur l'importance en général du «travorsier dans la vie...»*

Puis Évangéline revient au Breton, c'est-à-dire à elle-même également: il est «octogénaire», «ben moi, je fesse mes quatre-vingts. C'est quasiment autant que vous ça»! Elle parle de l'hiver, des femmes de son pays qui «houquent» toute leur vie, de la supériorité des «mouchoués» brodés sur les Kleenex... Et le Breton raconte sa jeunesse, son départ de la France... Le rabbin prononce sa première phrase: «Vous l'avez regrettée, votre Bretagne?» Pour Évangéline, si le rabbin parle français, il n'est «point... non plus de par icitte.» «Comme vous tous» répond le rabbin; son cliché, «c'est moins dur de partir quand la fête est finie», amorce chez Évangéline la description détaillée de la fête dont elle a été l'objet la veille de son départ et le rappel du discours qu'elle a

tenu à «*ouasins et... parenté*»: «*je m'appelle
Évangéline, moi, et... j'suis d'une race, ça s'adon-
ne, qui peut encore recoumencer sa vie à l'heure
que les autres achevont d'achever la leur.*»

Deuxième tableau, à la mi-juin: l'«*Évangéline* de
Longfellow»

*Comme le premier tableau, le deuxième pré-
sente le sapin en avant-plan: des pigeons sont
venus «en plein jour blanchir les aigrettes».
«Notre sapin», dit LE STOP; Évangéline l'essuie
de son mouchoir et chicane les pigeons. Un peu
maître d'école comme tous les Français, le Breton
qui a déjà donné une leçon d'étymologie sur le
mot «houquer» a apporté avec lui l'Évangéline
de Longfellow dans la traduction de Pamphile
Lemay. Et il raconte cette histoire d'Évangéline
Bellefontaine, fiancée à Gabriel Lajeunesse, de ce
«peuple heureux» enfermé dans l'église à Grand-
Pré par les Anglais en 1755 et de son embarque-
ment — aux séparations planifiées — sur des goélettes, de l'église mise à feu... Évangéline réagit en
contrepoint à chaque élément de l'histoire pour
marquer les différences entre cette «héroïne
d'Acadie» et l'Évangéline concrète que «tout le
monde... connaît», entre Gabriel Lajeunesse et
«mon houme à moi... Noré», entre de lointains
ancêtres faits prisonniers qui «s'avont quitté
faire» et l'attitude qu'elle aurait eue avec ses onze*

XIII

garçons, entre son homonyme qui «pleurait, le vi-
sage dans son tablier» et l'énergie manifestée par
ses compatriotes à elle lors d'un naufrage («vous
ariez point trouvé une femme du Fond de la Baie
assise sus la côte, la face dans son devanteau»),
entre l'église qu'on a laissé brûler et la chaîne
d'eau qu'elle organiserait «dans c'tes cas-là»,
entre les séparations imposées aux déportés et les
rétablissements de généalogies par les «défriche-
teuses de parenté», entre Évangéline et ses des-
cendants («Évangéline, la premiére, ils l'avont dé-
portée dans le sû. Pis elle y est restée. Ben nous
autres, je sons revenus»)... LE STOP réagit lui
aussi à l'histoire, mais à sa manière; ce simplet
qui semble être seul dans la vie, qui n'a pas de
femme et qui rêve sûrement d'amour, ne s'inté-
resse qu'au mélodrame des fiancés de Longfellow
et il est avide de connaître leur sort: «Pis après?...
les fiancés?...», «Ben... Gabriel?», «Évangéline
est avec Gabriel...?»; obligé de «travarser» des
enfants, il demande qu'on l'attende pour la suite
de l'histoire. Le Breton se présente au rabbin
dont on entend le nom pour la première fois et lui
présente «Évangéline II, d'Acadie». Celle-ci, qui
a l'art d'établir des liens dans tout ce qu'elle vit
et voit, garde encore pour elle le dernier mot de ce
tableau: «Ben coume je dirais, avec un pareil lotte
d'exilés, je pourrions nous crouère encore en
1755.»

Troisième tableau, fin juin : « la fête et les souvenirs »

Au premier tableau, en mai, pour remplir un silence, Évangéline avait discouru sur le temps et l'enchaînement des mois : « Le mois qui vient, y ara des fraises des champs ; pis le mois d'ensuite, des coques... » Elle a donc promis aux trois hommes de les régaler. Le Breton, qui a apporté une bouteille de muscadet, et le rabbin attendent Évangéline. Mais comme elle tarde à venir, les deux hommes vident la bouteille pendant que le rabbin raconte ses errances dans le monde et que, un peu gris, ils définissent ce monde dans une ritournelle de « trop..., trop..., trop... » Évangéline arrive avec LE STOP et un grand panier de coques pour le « pique-nique coumencé avant l'heure ». Elle interrompt les hommes qui ont repris leur ritournelle, « venez manger, ça vous aplombera l'estoumac ». On assiste à une dégustation, à une conversation sur la gastronomie et à un exposé technique sur la cueillette des coques. C'est la fête, Évangéline se met à chanter, les hommes reprennent le refrain et LE STOP joue de l'harmonica. Puis elle les entraîne dans un quadrille autour du sapin. Mais le bal doit s'arrêter, le Breton est pris de faiblesse, il faut le ranimer avec les dernières gouttes de muscadet.
De la fête et du muscadet on passe aux souvenirs : « Rien que de sentir un bouchon, ça vous ramène sitôt un houme sus ses pieds. Je counais

ça. J'ai point été élevée aux pays des bootleggers *pour rien.»* Évangéline n'a pas bu, mais les co- *ques, les chants et les danses l'ont ramenée dans son pays, dans sa jeunesse quand elle avait «des étouèles dans les yeux», à ses premières amours pour un beau contrebandier, pour Cyprien «qu'i' vous avait des yeux, c'était point les boutonniéres de caneçons à mon pére». Elle ne l'a pas épousé, «Noré avait une terre juste à côté de c'telle-là à mon pére». Cyprien a pris la mer et on ne l'a plus revu mais Évangéline a baptisé son aîné «Joseph-Ernest Cyprien» et Noré n'a jamais vu comme cet Ernest «a les jambes longues... et des yeux...». Le Breton, qui livrait aux contrebandiers l'alcool de Saint-Pierre-et-Miquelon, connaît ceux «qui se font* bootleggers... *les aventuriers : ceux qui rêvent de retrouver les paradis perdus». Il touche Évangéline en plein cœur :*

> «Oui, c'est ça, c'est ça qu'i' me contait, Cyprien.
> Il prenait la mer coume un houme prend femme,
> qu'i' contait, pour essayer de trouver de quoi au
> large, de quoi qu'une parsoune charche toute sa
> vie et qu'a' trouve rien qu'au petit jour de temps
> en temps. Lui itou il a appelé ça le paradis terres-
> tre. ...Ben, après qu'il a été parti, je l'ai pus jamais
> retrouvé, le paradis, pus jamais.»

Ces souvenirs sont touchants et douloureux mais la vie a toujours ses droits pour Évangéline, elle nous le dit dans deux tirades magnifiques, «faut point slaquer» et «pourquoi c'est que tu ferais le mort

quand c'est que t'es encore en vie?» Breton,
rabbin, Acadienne s'approchent du sapin qui a pris
racine, pousse et va vivre: il donne raison à
Évangéline. LE STOP revient avec un bec-scie
trouvé sur la rue Saint-Paul, c'est un présage de
goélands. Et la fête reprend autour du sapin.

Quatrième tableau, septembre: «un beau conte
d'amour et de mort...»

Entre le troisième et le quatrième tableau il
y a eu l'entracte et les vacances. Il y a de la
nervosité dans l'air. Le rabbin et LE STOP se
piquent mutuellement sur «Tremblay/trembler»
et «robin/robiner». Les retrouvailles sont chaleu-
reuses entre le Breton et le rabbin mais ils se
querellent bientôt à propos d'Évangéline pour se
réconcilier aussitôt qu'elle survient. Parti pour
Israël, le rabbin s'est arrêté à New York; le
Breton est allé en Bretagne où les arbres sont déra-
cinés par le progrès... Le petit sapin d'Évangéline
aussi a été déraciné mais LE STOP l'a retrouvé
«au bord du chemin, sus les poubelles» et l'a
rapporté. Le Breton parle de sa Bretagne pleine
d'Américains mais qui ressemble tellement à
l'Acadie d'Évangéline qu'elle aurait envie de «cou-
naître ce pays-là d'où c'est que je sons ersoudus»,
de «le ouère... pour ouère...» Le Breton veut l'y
mener, il se fait tendre et les deux octogénaires
se prennent à rêver. Discret, le rabbin se retire

avec LE STOP qui cherche à comprendre... Le Breton bouleverse Évangéline par ses paroles, «même Cyprien arait jamais pu parler ben coume ça», par son énumération amoureuse de vieux mots acadiens importés de Bretagne dont Évangéline se grise et qu'elle redemande, «hé, hé... vous en connaissez d'autres mots acadiens?» Ils sont deux à évoquer mouettes et goélands, à voir apparaître le même vaisseau fantôme, à la même heure — l'un des côtes de Bretagne, l'autre du Fond de la Baie —, chacun de son côté d'une Atlantique qui les unit. Le Breton offre à Évangéline le bateau qu'il a fini de sculpter et qu'il a baptisé de son nom. Il lui dit son amour, elle se laisse glisser dans ses bras... Le rabbin et LE STOP reviennent, tous se remettent à danser et à chanter. Mais le Breton a une nouvelle faiblesse: il meurt la tête sur les genoux d'Évangéline pour qui ce dernier amour rejoint dans un même cri son premier, son seul amour, «Cyprien!».

Cinquième tableau, octobre: «faire un petit effort pour se redorser»

Évangéline pleure la mort du Breton à sa manière, avec courage et sans mièvrerie mais mal, «dans un Kleenex, par rapport qu'ils m'avont même pris mes mouchoués ces darniers temps...» Le rabbin, qui retourne à la terre de ses aïeux sans s'arrêter cette fois à New York, vient faire ses adieux à Évangéline et lui rendre ses paroles d'encouragement: «*Faut faire un petit effort, Évangéline, pour se redorser.*»

Il ne reste plus maintenant sur scène que deux exilés dans leur propre pays. LE STOP voudrait bien apprendre la fin de l'histoire commencée par le Breton: «*À la fin de l'histouère, oui, Évangéline a retrouvé Gabriel, qu'i' contont, ben sus son lit de mort.*» Pour consoler Évangéline et parce qu'il a acquis à son contact un peu de sa parole, il lui raconte Maria Chapdelaine. Mais le souvenir du Breton est trop proche pour ne pas resurgir spontanément. Une dernière grande tirade, sur les vieux. On entend des goélands, «*le cri du pays est arrivé*». Puis ces mots de la fin:

«Qui c'est qu'est l'enfant de chœur qu'a osé dire qu'une parsoune pouvait point recoumencer sa vie à quatre-vingts!»

Et la voix d'Évangéline se tait en nous laissant à ses échos...

LA PAROLE

«C'te jour-là, je m'ai dit: une parsoune qui comprend les mots de ta langue est peut-être ben pas loin de te comprendre toi itou.»

XIX

Chez Évangéline, la parole est le «travorsier» par excellence. C'est cela qui permet de passer «d'un sidewalk à l'autre», de se déplacer du passé au présent et d'expérience en expérience, de ne pas rester uniquement de son côté mais d'aller en face rencontrer des humains qui s'y trouvent, de se mouvoir et d'émouvoir... Évangéline est une «ratoureuse» de la parole: quelle habileté, quelle patience pour établir une «travorse» entre elle et LE STOP, pour trouver un chemin à travers la pauvreté d'expériences de cet homme sans parole et qui ne sait dire pendant un long moment que «oui... non...», pour parvenir enfin à se trouver du même côté que lui en parlant de raquettes, de renards et de lapins, de mangeaille...

Point de platitudes dans la parole d'Évangéline, rien de banal quand elle parle du temps qu'il fera ou qui passe; les clichés disparaissent et les évidences usées redeviennent évidentes: «Les seuls qu'avont eu une longue vie, c'est les vieux, souvenez-vous de ça... Une longue vie, ça appartient qu'aux vieux. Ça fait qu'après ça, faut peut-être ben pas trop assayer de leur montrer coument la vivre... trop leu dire de chouses sur la vie... la mort...» On ne peut pas oublier ces monologues qui «travorsent» mieux que tous les dialogues sans parole. «T'as la senteur de sel qui te chatouille les battants du nez», «Quand c'est que t'as pas droit à ta terre», «Il fait beau temps, une petite affaire frisquet encore», «Quoi c'est que vous voulez de plusse? l' travorse le monde» ...*et combien d'autres, autant de morceaux de bravoure!*

On voudrait s'arrêter longuement au jeu et au sérieux de sa parole, dans les contrastes: *«c'est point un âbre de ville... c'est un âbre des bois», «en-dessous des racines... point sus les feuilles», «Évangéline, ben c'est queque chouse coume le soldat inconnu. Pis moi, ben... tout le monde me counaît», «un houme qu'est pas mort, c'est un houme qu'est en vie. Entre les deux, y a rien»; dans les* ressemblances: *«Vous êtes point de par icitte ben vous parlez français. Ben ça c'est coume moi, voyez-vous», «Ça y fera de la compagnie quand i' sera grand. Faut penser à ça quand on transplante. Faut se planter les pieds où c'est qu'y a du monde», «T'en as la gorge sec... Ça y prendrait une petite affaire d'eau», «un travorsier à pied... les travorsiers sus l'eau», «des lièvres, c'est des lapins des bois».*

Évangéline ramène tout et chacun «par chus nous». Elle est profondément enracinée dans sa langue, dans sa famille et dans son village. C'est pour cela qu'elle devient universelle, parce qu'elle est individualisée; c'est pour cela qu'elle peut «travorser». C'est cela que veut dire comprendre les mots de ta langue.

AU PEUPLE ACADIEN

> «Quand c'est que t'as pu droit à ta terre, ni à tes biens, ni à ton pays, ben t'as encore droit à ta souvenance.»

*Madame Maillet dédie cette pièce à ses com-
patriotes. Elle leur dédie une leçon de patience,
de courage, d'espoir et de foi dans la vie. Elle
leur donne un symbole de souvenance, ce petit
sapin qui est «votre âme transplantée». Elle leur
donne surtout une Évangéline vraie pour leur faire
oublier cette «maniére de patronne» imaginaire et
mythique, venue d'ailleurs et qui n'a pas* l'accent
du pays.

Henri-Paul Jacques

le 25 novembre 1975

Antonine MAILLET est née à Bouctouche, au début de la crise, un vendredi de mai, à midi, dans un pays qui portait, encore, malgré la Conquête, le nom d'Acadie. Mais c'était un nom qui ne figurait déjà plus sur les cartes ni dans les registres et qui, pour tout autre qu'un Acadien, ne signifiait plus rien. Pourtant au cœur du pays, au fond des villages, au creux des maisons, ce nom d'Acadie résonnait comme une terre perdue, ou un domaine à reconstruire. Et chacun se mit à la tâche. Antonine Maillet, avec sa plume.

Dans *On a mangé la dune* et *Pointe-aux-Coques*, elle raconta le réveil à la vie et la découverte du monde; puis elle entreprit la lutte pour la survie dans *Les Crasseux* et *Don L'Orignal;* avec *La Sagouine* elle dotait son pays d'une héroïne faite à sa mesure et ressemblance; dans une grosse, épouvantable et héroïque thèse de doctorat sur *Rabelais et les traditions populaires en Acadie*, elle offrait à son pays ses lettres de noblesse; puis doucement, sur la pointe des pieds, elle s'en vint *Par derrière chez son père* dénicher les vieux contes des aïeux, et la petite histoire drôle du pays dans *L'Acadie pour quasiment rien;* avec *Gapi et Sullivan* et *Mariaagélas*, elle mit au monde de nouveaux héros de la mer: de ceux qui vivent sur la côte, de ceux qui vivent au large, et de ceux qui en vivent, tout court; et enfin vint *Emmanuel à Joseph à Dâvit*, sorti du fond des temps et du bout du monde, pour raconter aux autres les en-dessous et l'envers de ce pays d'Acadie qu'*Évangéline Deusse* à son tour prendra sur ses épaules d'éternelle déportée.

Et entre ses livres, Antonine Maillet a trouvé le temps de se frotter à quelques petites écoles — comme les universités de Moncton, de Montréal et Laval — d'entreprendre de petits voyages, à l'aventure, et de se faire de grands et indéfectibles amis.

ÉVANGÉLINE DEUSSE

pièce en deux actes

Au peuple acadien

Évangéline Deusse a été créée
au théâtre du Rideau Vert
le 4 mars 1976

PERSONNAGES

ÉVANGÉLINE, Acadienne de 80 ans.

LE BRETON, 80 ans.

LE STOP, sans âge.

LE RABBIN, assez âgé.

LIEU

Un petit parc public à Montréal.

ÉPOQUE

Aujourd'hui.

ACTE I

Premier tableau

en mai

*Assis sur le dossier d'un banc, face au public,
le Stop regarde la rue, l'air hébété. Soudain,
il dresse l'œil et l'oreille, descend de son
banc, lève son «stop» et s'éloigne vers la
rue. Bruits de rue. Le Stop revient, suivi du
rabbin. Le rabbin fait le tour du parc, puis
choisit son banc dans le fond, dos au public.
Le Stop reprend sa position initiale. Nouvel
air hébété et heureux. Nouvelle attente.
Bruits de la ville. Puis de nouveau il dresse
l'œil et l'oreille, descend du banc, etc. Entre
Évangéline portant un objet précieux enve-
loppé dans un journal. Le Stop suit. Évangéline cherche où poser l'objet. Le Stop cherche
avec elle. Finalement, elle s'assoit sur un
banc face au public et défait lentement le
colis, sous l'œil intrigué et pourtant discret du
Stop. Elle en sort un plant de sapin.*

ÉVANGÉLINE — Un sapin. Oui. Rien qu'un
plant encore, ben un jour ça sera un sapin.
Vous en avez point par icitte, par rapport que
c'est point un âbre de ville. Ah! queques-uns,
coume ça, que vous transplantez... Non,

c'est un âbre des bois... pis des côtes. Oui,
de la mer. Voyez-vous, même le sel parvient
pas à le tuer, c'te petit chenapan-là. Ça pousse, jour et nuit, autoune coume printemps,
droite, croche, les branches sous la neige, les
aigrettes dans le nordet, et planté en plein
sable, t'as qu'à ouère! Un jour, y a même
venu un étrange par chus nous qui s'était
figuré, lui, que les sapins poussiont jusque
dans la mer. Parce qu'il avait vu les petits
âbres que les officiers plantont dans la baie
pour marquer le chenal, et il s'était figuré...
Il venait de la ville, le pauvre esclave, pis il
avait encore jamais vu de l'eau salée.

...Tant qu'à ça, moi, dans ce temps-là,
j'avais encore jamais vu la ville, et je savais
point qu'ils arrousiont chaque matin le pavé
avec des petites rigoles. La premiére fois que
j'ai vu l'eau regicler de leux peteaux rouges
sur le bord des sidewalk, je m'ai empressée
de toutes leu farmer, leux grous robinets, pour
point les quitter neyer le monde... Ben, i'
m'avont avartie. ...Vous êtes point de par
icitte, peut-être ben?

Le STOP — Non.

ÉVANGÉLINE — Ah! vous non plus. Coume ça
je serons au moins deux. Deux exilés, t'as
qu'à ouère! Ça fait du bien de point être tout
seule... Excusez-moi, vous parlez peut-être
point français?

Le STOP — Oui.

18

ÉVANGÉLINE — Ah! bon... Et coume ça vous êtes point de par icitte.

Le STOP — Non.

ÉVANGÉLINE — Ouais-ouais. Vous êtes point de par icitte ben vous parlez français. Ben ça c'est coume moi, voyez-vous. Je viens de là où c'est que les sapins poussont dans le sable.

Elle se lève et cherche où planter son sapin. Elle finit par s'approcher d'un arbre; puis elle sort une petite bêche de sa poche.

ÉVANGÉLINE — Juste icitte i' sera ben. Ça y fera de la compagnie quand i' sera grand. Faut penser à ça quand on transplante. Faut se planter les pieds où c'est qu'y a du monde. Un sapin, c'est point accoutumé de vivre tout seul. Par chus nous, ça pousse par brassées, y en a tant qu'on en veut. Ben icitte... C'est mon garçon qui me l'a envoyé, le troisième de mes garçons, Robert. Ah! le Robert! il était point aisé. Le petit vaurien!... I' m'a dit, coume ça, quand j'suis partie: «Ma mére», qu'i' m'a dit, «dès que j'arai une chance, je vous envoyerai un sapin». Un sapin, asteur, pensez ouère! J'ai dit: «Voyons Robert, m'envoyer un sapin à la ville, asteur, m'envoyer un sapin à Mâtréal, voyons!» Ben i' m'a dit: «Je vous envoyerai un sapin ou ben les fesses me changeront en citrouille», qu'il a dit. Asteur si ç'avait du bon sens de parler de même! Hi-hi... «Robert!» que j'y ai dit, «qui c'est qui t'a élevé?» «Je vous envoyerai un sapin», qu'il a dit. Ça fait que j'y ai dit: «Ben si tu m'envoyes un sapin, je le planterai et i' réchappera».

Le Stop, qui a suivi le récit avec beaucoup d'intérêt et de grimaces, fige soudain et gesticule vers la rue.

ÉVANGÉLINE — Quoi c'est qu'i'se passe?
Le STOP — La police.
ÉVANGÉLINE — Le verrat, i' vient pour mon sapin.

Elle se flanque devant le sapin pour le cacher. Les deux sont inquiets un instant, puis ils respirent. Et elle se remet à sa besogne.

ÉVANGÉLINE — Ça serait encore doumage de le laisser corver. Il a fait le voyage tout fin seul par le C.N.R., là-bas du Fond de la Baie.
Le STOP — Là-bas de delà?
ÉVANGÉLINE — Oui, Monsieur. Mon garçon, le darnier, Raymond, s'en a été le qu'ri' lui-même à la stâtion. Ah! le pauvre petit! Il était point drôle à ouère: feluet, jaune, aplati, avec ses aigrettes qui te timbiont dans les mains rien qu'à le regarder... Ça faisait compassion. Ça fait que j'ai dit à mon garçon,

Raymond, le darnier: «Faut le planter, i' va
pèrir». Mon garçon était ben consentant, lui,
ben y a la bru. À' conte que ça fait ben des
déchets, et ben de la senteur de bois dans la
maison. Tant qu'à ça, sa maison, elle la tient
ben propre, faut y douner ça, et elle la paouè-
se tous les jours de senteur en can *Evergreen*.
C'est qu'elle est née native en ville, la bru,
et les bois, a'counaît point ça... Vous avez
dit que vous veniez d'ailleurs, vous itou?
Le STOP — Oui.
ÉVANGÉLINE — Ah-ha! C'est coume moi. De
la côte. Quasiment deux jours de chemin, et
du bon chemin. Tu suis en premier les dunes
pis la mer; tu passes le petit barachois, le
pont couvert, pis le grand barachois; pis tu
prends par le nôrd où c'est que le chemin de
terre s'accroche au chemin pavé, pis au chemin du roi. Pour un boute, tu suis encore la
mer. Pis tout d'un coup tu vires carré, pis tu
r'crochis par le noroît. Tu largues les côtes, et
te v'là parti pour Mâtréal. Ça fait que tu te
retornes une darniére fois et tu crois que tu
vas te bailler un torticolis. Par rapport que le
cou te tord et te fait mal, ben tu parviens pas
à le redorser. T'as la senteur de sel qui te
chatouille les battants du nez; pis t'as le cri
des goèlands dans les oreilles; pis t'as des lames pus grousses que d'accoutume dans les
yeux, par rapport aux marées hautes; pis sus
la peau, ben t'as une maniére de grous picots

coume si c'était de la chair de poule. Pis à la fin, t'as le cou cassé, ça fait que tu te retornes. Durant deux jours, tu ouèras pus rien d'autre que du bois, des champs de blé d'Inde, pis du chemin pavé... du chemin pavé... T'en as la gorge sec...

...Ça y prendrait une petite affaire d'eau, au pauvre petit, si je voulons le réchapper.

Le Stop cherche autour, puis disparaît. Le rabbin se retourne vers Évangéline et le sapin.

ÉVANGÉLINE — Il allait pèrir, c'était maniére de doumage... Maniére de doumage de laisser corver ta part de pays que t'emportes avec toi. Une parsoune peut consentir à s'expatrier, pis s'exiler au loin; ben faut point qu'i' y demandiont d'oublier. (*Pour elle-même :*) Quand c'est que t'as pus droit à la terre, ni à tes biens, ni à ton pays, ben t'as encore droit à ta souvenance, toujou' ben. Ça, parsoune peut te la louter. I' pouvont point t'obliger à oublier.

Le Stop revient avec un seau de Shell. Le rabbin se détourne. Évangéline sourit, s'empare du seau et arrose le sapin.

ÉVANGÉLINE — Tiens, avec ça i' pourra se rendre aux pluies. Les pluies par icitte allont-i' ben suire les marées ?... Les marées, grand folle ! V'là que tu déparles, Évangéline. Des marées dans une riviére pardue dans les terres, asteur ! Quand c'est qu'une riviére — ç'a beau s'appeler un fleuve — fait cinq-six cents milles entre des montagnes et des champs d'aouène, i' doit pus y rester grand marées rendue au quai.

Le rabbin se lève, suit des yeux quelqu'un dans la rue, se dérouille la gorge pour attirer l'attention des deux autres. Alors de nouveau Évangéline s'efforce de cacher le sapin pendant que le Stop se sauve avec le seau.

ÉVANGÉLINE — Je peux pas ouère quoi c'est qu'ils avont contre les sapins. T'es peut-être point un âbre des villes, ben... moi non plus j'suis point une femme des villes et m'y v'là rendue asteur. Ça fait qu'i' me r'semble que si i'me recevont icitte, faut ben qu'ils receviont itou un petit brin de la senteur et de la fraîcheur du pays.

Le Stop revient, conduisant le Breton qui le remercie d'un signe de tête et va s'asseoir sur le banc occupé au début par Évangéline. Il sort d'une petite valise un bateau qu'il est en train de sculpter. Le Stop retourne à son banc. Évangéline est intriguée. Elle vient s'asseoir à côté du Breton et examine son travail. Le Breton lui jette un œil furtif. Ça lui suffit pour la lancer.

23

ÉVANGÉLINE — C'est une goélette?

LE BRETON — La *Défunte Espérance* qu'a été se cogner contre un récif, un dimanche, le 2 avril 1892, au large de la grande Échouerie, au nordet des Îles-de-la-Madeleine.

ÉVANGÉLINE — Ah-ha!... Coument en 1892? Ben d'abôrd vous l'avez point counue. Asteur pouvez-vous me dire...

LE BRETON — Mon grand-père l'a connue. Et mon grand-grand-père a dormi une partie de sa jeunesse dans ses haubans. Je tiens sa description de mon père qui a navigué aussi sur les mers du nord comme tous ceux de sa race... avant moi.

ÉVANGÉLINE — Vous itou, vous avez été navigueux?

LE BRETON — J'ai pris la mer à l'âge de quinze ans.

ÉVANGÉLINE — Quinze ans, t'as qu'à ouère! C'est coume chus nous.

LE BRETON — Vous dites?

ÉVANGÉLINE — Je suis d'une race de navigueux moi itou. Mon pére, Thaddée à Olivier à Charles à Charles, a mené une goélette jusqu'aux mers du sû un jour, après son pére Olivier à Charles à Charles et son aïeu Charles à Charles qu'aviont toutes été navigueux avant lui. La mer salée, je l'ons de pére en fi' dans les veines, coume i' contont. C'est pour ça que je vivons vieux dans la famille: c'est le sel qui empêche le sang de se gâter.

LE BRETON — Hé-hé!

ÉVANGÉLINE — Coume les sapins des côtes: ils sont pus vigoureux. C'ti-là est né natif salé dans le sable. (*Silence.*) Il fait beau temps, une petite affaire frisquet encore, ben le beau temps peut point tarzer. Le mois qui vient, y ara des fraises des champs; pis le mois d'ensuite, des coques... (*Le Breton lève la tête.*) Des coques. Excusez-moi, vous counaissez peut-être point ça. Par chus nous, j'appelons ça des coques parce que j'avons point appris à parler en grandeur. Pis vous savez, à mon âge, c'est point parce que j'ai passé l'hiver à Mâtréal que... Mon garçon me l'avait dit, Édouère, le deuxième: «Ma mére», qu'il avait dit, «vous allez à Mâtréal, ben asteur, r'venez-nous pas en parlant en joual». Parler en joual, t'as qu'à ouère! J'avons-t-i' point assez de sentir la grange, sans parler en joual asteur? Et pis j'ons trop de sel dans la gorge et de nordet dans les pommons, trop la voix rauque pour parler en québécois. Non, j'apprendrai jamais à parler ni en joual, ni en grandeur, inquiète-toi pas, Édouère. Il est trop tard quand c'est qu'une parsoune a fessé ses quatre-vingts. Ça fait que la bru a beau noumer ça des clams, moi je les appelle encore des coques.

LE BRETON — Mais c'est des coques, Madame, pas des clams.

ÉVANGÉLINE — Ah! coume ça, vous êtes point de par icitte vous non plus?

LE BRETON, *qui se lève* — Breton de France, ancien marin, habitant le pays depuis un demi-siècle, François Guéguen pour vous servir, Madame.

ÉVANGÉLINE — J'suis ben bénaise de faire votre counaissance. Un Français de France, ben là asteur, faut-i' ben! Moi je me noume Évangéline, tout fraîchement aouindue du Fond de la Baie.

LE BRETON — D'où ça?

ÉVANGÉLINE — Le Fond de la Baie. C'est entre Bouctouche et Richibouctou.

LE BRETON — Ah!

ÉVANGÉLINE — Juste avant la Côte Sainte-Anne, si vous voulez.

LE BRETON — C'est sur la Côte Nord, si je comprends bien?

ÉVANGÉLINE — La Côte Nôrd? Ben allez pas nous prendre pour des Sauvages, vous!

Le STOP — Hi-hi!

LE BRETON, *au Stop* — Pardon?

Le Stop est gêné.

ÉVANGÉLINE — C'ti-là est point de par icitte non plus, ben y a pas moyen de saouère d'où c'est qu'i' d'vient.

LE BRETON — Il me paraît sorti du Bas du Fleuve ou de la Gaspésie.

ÉVANGÉLINE — Tiens! c'est pas loin de chus nous ça... C'est pas pour saouère ben vous seriez point un Gaspésien, par adon?

Le STOP — Non... j'étais un habitant, moi, avant de venir en ville. Là je travarse le monde.

ÉVANGÉLINE — C'est un travorsier. Ben un travorsier à pied... Coume ça vous êtes point de la Gaspésie?

Le STOP — Non, non.

ÉVANGÉLINE — Point d'en bas de la riviére non plus?

Le STOP — Non, non.

ÉVANGÉLINE — Pour l'amour de Djeu, d'où c'est que vous d'sortez, vous?

Le STOP, *qui sursaute* — De... du... Lac Saint-Jean.

ÉVANGÉLINE — Me r'semblait itou que ça serait de quoi comme Saint-Jean. Et quoi c'est qui vous a amené par icitte?

Le STOP — Ben... je charchais une job.

LE BRETON — Et vous n'avez rien trouvé?

Le STOP — Oui, je travarse le monde.

ÉVANGÉLINE — Quoi c'est que vous voulez de plusse? I' travorse le monde. Dans une ville coume c'telle-citte, il en passe du monde d'un sidewalk à l'autre. Ceuses-là qui sont de c'te bôrd-citte avont affaire à c'te bôrd-là, et ceuses-là qui sont de c'te bôrd-là, ben... Y a tout le temps tcheque part tchequ'un qu'a besoin de changer de bôrd. C'est pour ça qu'y a des travorsiers.

...Par chus nous, les travorsiers sont sus l'eau. De bon matin et jusqu'aux petites heures de la nuit. Ils faisont la travorse entre les îles. Je me souviens tant jeune que je nous avions rendus à Miscou. Tu te rends en premier dans le nôrd jusqu'à Shippagan, pis là, tu prends un travorsier pour Lamèque; pis rendu à Lamèque, tu te rends au boute de l'île pour prendre un autre travorsier pour Miscou; là tu crois que t'es au boute du monde. Non. Tu te lèves la tête pis au boute de l'île, t'aperçois dans l'eau un autre étendue de terre qui s'appelle l'Île-aux-Trésors. T'es libre d'y aller ou pas y aller. Ben si tu y vas, tu prendras encore un travorsier. Ça fait que sans travorsier dans la vie...

Bruit dans la rue. Le Stop se lève et part.

ÉVANGÉLINE — ...Quoi c'est que je vous disais?

Bruits de klaxon et de pneus qui grincent.

ÉVANGÉLINE — ...Mon doux séminte!

Évangéline, le Breton et le rabbin s'approchent de la rue. Puis le Stop revient penaud et en redressant sa casquette.

LE BRETON — Hé-hé!

ÉVANGÉLINE — Ben la prochaine fois, espèrez-moi, j'irai vous aïder à travorser.

Chacun retourne à son banc.

ÉVANGÉLINE — Coume ça vous êtes Français de France. Je suis ben bénaise. Par rapport que moi itou, j'suis Française, Française d'Acadie qui parle pas d'autre jargon que le français. Ah! une petite affaire d'anglais pour me débrouiller dans la stâtion du C.N.R.... Je vas des fois à la stâtion coume ça pour ouère si d'un coup i' débarquerait pas du monde de par chus nous. Il en débarque à tout coup: des jeunesses avec les poings dans les poches, trois-quatre poils sous le nez et une mâchée de gomme qui leu claque entre les palais, qui s'en venont tenter leu chance à la ville; pis des familles, chargées de leu ménage, avec des enfants qui coumençont déjà à se cacher la tête dans la jupe de leu mére; pis de temps en temps un vieux qui charche autour la face de tchequ'un qu'i' counaît...

...Y a longtemps que vous êtes au pays?

LE BRETON — Cinquante ans, Madame.

ÉVANGÉLINE — Cinquante ans, t'as qu'à ouère! Ah! ben, c'est pour dire asteur! Cinquante ans, c'en fait des jours en exil, coume i' contont. Ben vous avez dû travorser la mer ben jeune?

29

LE BRETON — Oh-oh! pas si jeune que ça. Je suis tout de même, tel que vous me voyez, octogénaire.

ÉVANGÉLINE — Ah oui, hein? Eh ben moi, je fesse mes quatre-vingts. C'est quasiment autant que vous ça. Ben j'ai point dans mon intention d'y rester encore cinquante ans, par exemple. Si j'avais encore cinquante ans à vivre, je choisirais point de les vivre à l'étrange. Ben j'ai un an de fait toujou' ben, ou quasiment. Un autoune pis un hiver. Ma premiére hiver à la ville. Ah! ç'a point été trop malaisé. D'abord j'ai appris à me défendre. Quand c'est que t'en as quatre-vingts dans le dos, des hivers, tu finis par saouère par quel boute le prendre. La meilleure façon c'est de la prendre à brasse-corps.

LE BRETON — À quoi?

ÉVANGÉLINE — À brasse-corps, coume ça. Coume un matelot qui tient à brasse-corps le mât de sa goélette dans la tempête.

LE BRETON — Dans la tempête, le matelot a pas le temps de s'accrocher au mât de sa goélette. Il doit manœuvrer.

Le STOP — Ben moi, je manœuvrerais avec un bras, pis je me tiendrais après le mât avec l'autre.

LE BRETON — Et vos hivers de la côte, ils étaient moins durs?

ÉVANGÉLINE — Ah! non, tant qu'à ça, pas moins durs, non, pis pas moins vigoureux non plus. Ben c'était un frette pus sec, pus blanc, maniére de pus propre, coume je dirions. Tu cales dans la neige, voyez-vous, pas dans la slush; pis c'est des flocons qui te revolont dans la face, pas de la suie. Pis t'as pas peur, chaque fois que tu mets le nez dehors, de te casser le mâton sus le pavé, par rapport que dans ton pays le monde te counaît et ça leu fait rien de te ouère tous les jours marcher sus la baie avec des grappins sous tes galoches ou des raquettes sous tes pieds.

Le STOP — Moi itou, j'allais en raquettes, dans le bois, tendre des pièges à renard...

ÉVANGÉLINE — Mangez-vous du renard par chus vous?

Le STOP — On l'écorche pour la peau.

ÉVANGÉLINE — Tendez-vous itou des collets à lapins?

Le STOP — Non, à lièvres.

ÉVANGÉLINE — Lapin pis lièvre, c'est la même chose: des lièvres, c'est des lapins des bois. Pis mangez-vous du fricot, pis du pâté à la râpure?

Le STOP — ...Euh... de la tourtière.

ÉVANGÉLINE — Bah! la bru en fait de c'te cochonerie-là. Vous devriez demander à votre femme de vous faire du râpé un bon jour; je peux y montrer si elle veut.

Le STOP — J'ai pas de femme.

LE BRETON — Hé-hé!...

31

ÉVANGÉLINE — Ben à votre mére dans c'te cas-là. A' houque-t-i' des tapis, votre mére, dans les veillées d'hiver?

Le STOP et LE BRETON — ...???

ÉVANGÉLINE — Houquer... houquer... Jamais je croirai que les femmes savont point houquer dans un pareil grand pays avec des pareilles longues hivers!

LE BRETON — Houquer... je me souviens de ce mot-là, en effet. On l'emploie en Normandie et peut-être au nord de la Bretagne. Ça vient de hoquer, du mot hok, crochet, et ça veut dire crocheter, faire du crochet.

Le STOP — Aaah!...

ÉVANGÉLINE — Je savais pas que le mot avait fait tout c'te chemin-là, ben c'est ça que ça veut dire: tu crochètes des tapis et tu piques des couvartes. Au coumencement, quand t'es jeune, tu piques et tu houques pour apprendre, en te mêlant aux autres; pis pus tard, quand t'es en ménage, tu houques et tu piques pour abriller tes enfants et leu réchauffer la place sous les pieds; pis quand t'as achevé d'élever ta famille, tu t'en vas houquer pis piquer sus les ouasines pour prendre des nouvelles; et sus tes vieux jours, ben... t'as trop d'accoutumance dans les doigts et pis... tu piques et tu houques pour te désennuyer.

LE BRETON — Et en exil, vous houquez et piquez encore?

32

ÉVANGÉLINE — Je m'avais emporté des retailles pis des bouts de laine. Ben la bru conte que ça prend ben de la place. Ça prend surtout sa table à cartes. Ah! ben le souère, avant de m'endormir, je brode des mouchoués dans mon lit. C'est pour la fille à mon garçon, Ernest, le pus vieux. A' va sus ses seize ans, ça fait que je m'ai dit que j'étais aussi ben d'y coumencer un trousseau. J'y ai baillé mon coffre de cèdre en quittant la maison, ben je l'ai avartie: «Asteur, Roseline, te faudra le remplir avant le jour de tes noces», que j'y ai dit. Ben les enfants d'aujord'hui trouvont que c'est du temps pardu de broder des mouchoués, quand c'est que tu peux t'en aller dans n'importe quel magasin et t'acheter tout faits des *Kleenex*. Pour ce que vous mettez dedans, vos mouchoués, qu'a' m'a dit, la Roseline. Ben là, j'ai point pardu de temps et j'y ai dit: «J'allons toutes achever nos vies dans la poussiére et ça sera de la poussiére qui sera dans ton suaire. Ben ça sera-t-i' une raison ça pour t'ensevelir dans les *Kleenex*?» A' m'a dit que fallit aouère son avenir en airiére de soi pour parler de même et que yelle, elle avait son avenir en avant.

LE BRETON — C'est pour ça que j'ai quitté le pays cinquante ans passés.

ÉVANGÉLINE — Pour charcher l'avenir en avant?

LE BRETON — C'est ça. Après la Grande Guerre, l'Europe s'est réveillée vieille femme, soudain. Mais moi j'étais encore jeune. Pas même trente ans. J'avais mes bras, ma vaillance, quinze ans de haute mer dans le ventre et dans les yeux... Mais j'avais une femme et deux filles. Deux petites pourginées plus douces que des colombes. J'étais devenu laitier depuis que la France avait vu décimer sa flotte. Laitier !... J'allais pourtant tous les jours au port, pour voir... Et un bon matin, j'ai entendu qu'on demandait des hommes sur un cargo canadien pour remplacer des marins emportés par la grippe espagnole durant la traversée... Ma femme a failli se chavirer. Plus tard elle m'a rejoint avec les gamines. Mais elle a eu beaucoup de mal à se faire à nos hivers, et elle est repartie.

Le STOP — Elle est encore par là ?

LE BRETON — C'est la Deuxième Guerre qui l'a emportée. Mes filles sont restées là-bas.

Le rabbin, pendant le récit du Breton, s'est approché lentement.

LE RABBIN — Vous l'avez regrettée, votre Bretagne ?

Les trois autres se retournent brusquement.

ÉVANGÉLINE — Mais vous parlez français, vous itou ? Et je gage que vous êtes point vous non plus de par icitte.

34

LE RABBIN — Je le suis devenu, comme vous tous. Mais pour moi, ça été moins pénible, j'ai l'habitude. Et puis c'est moins dur de partir quand la fête est finie.

ÉVANGÉLINE — C'est vrai. J'ai counu ça. Même que la veille de m'embarquer, ils m'avont fêtée sus l'un de mes garçons, Gérard, le cinquième. I' s'avont toutes amenés: Ernest, Édouère, Robert, Tilmon, Aldéric, ils sont toutes venus sus Gérard, avec leux femmes et leux enfants. Pis ils aviont invité les ouasins et la parenté. La maison était pleine. Et c'est une grand' maison, le vieux bien. Ah! pour une surprise... Un gâteau, du vin au pissenlit, des petites sandwiches *fancy*, des présents, pis la quadrille.

Le STOP — Vous avez dansé?

ÉVANGÉLINE — Je vous dirai même que je les ai tout essoufflés. Quatre quadrilles, cinq-six swings, et un step, le step à Pierre Bleu. Je l'ai steppé tout seule, au son du vialon... et c'est après ça qu'i' m'avont présenté le grous présent, le cadeau de-la-part-des-parents-et amis-ici-présents: une chaise longue pour les vieux. Une chaise longue, à mon âge! Autant me bailler un grabat!... Je l'ai porté moi-même sous mon bras à la vieille Ozite qui marche pus depuis des ânnées.

...Une chaise longue!... C'est-i' parce qu'une parsoune quitte le pays qu'a' doit le quitter les pieds le premier? Ils avont oublié que j'é-

35

tais encore femme à pouère dévaler tout
seule le marchepied de ma maison sans m'accrocher après la rampe ! Et que j'étais encore
capable de pacter mes affaires et de m'éloigner du pays, deboute ! Et qu'à quatre-vingts
sounés, j'avais encore tous mes cheveux et
toutes mes dents ; et de l'huile dans la bou-
lette du genou ; et de la mouelle dans le creux
des ous ; et de la crache entre les palais pour
leu dire, oui, le dire à tous les ouasins, et
toutes les brus, et tout le monde du monde qui
veut l'entendre que je m'appelle Évangéline,
moi, et que j'suis d'une race, ça s'adoune, qui
peut encore recoumencer sa vie à l'heure que
les autres achevont d'achever la leur. V'là
ce que je leur dis.

Le Breton, le Stop et le rabbin la regardent,
fascinés.

Noir

Deuxième tableau

à la mi-juin

Le rabbin lit son journal, en hébreu, sur le banc du Breton, face au public. Entre le Stop, suivi du Breton. Le rabbin aussitôt se lève et cherche un autre banc.

LE BRETON — Je vous en prie, ne bougez pas.

Le Juif s'excuse d'un geste et sourit. Il s'assied sur le banc du Stop qui, lui, reste debout. Le Breton allume sa pipe.

Le STOP — Hey! sortez de là, vous autres! Laissez le sapin pousser en paix! (*Il chasse les pigeons. Puis il s'adresse aux deux autres:*) Ils allaient le tuer à le salir de même!

Les deux autres se lèvent et s'approchent du sapin.

Le STOP — De la chiure de pigeon, ça peut tuer un arbre trop jeune et trop feluet.
LE BRETON — Celui-ci est quand même né natif dans le sable, il en a vu d'autres.

Le Breton rit. Le Stop reste anxieux. Le Juif sourit. Entre Évangéline, un seau à la main.

ÉVANGÉLINE — Pour l'amour du ciel! quoi c'est qu'a arrivé?

Elle pousse les hommes et s'agenouille près du sapin.

LE BRETON — Seulement une couple de pigeons amoureux qui lui ont manqué de respect à votre sapin.

ÉVANGÉLINE — Les effarés! Je vas leur en apprendre, moi, du respect. Aouindez-vous d'icitte, mes sargailloux! À quoi ça vous a sarvi d'aouère été élevés à la ville, hein? C'est point les goèlands de nos côtes qu'ariont fait ça. S'en venir en plein jour blanchir les aigrettes de mon sapin. Que je vous y repogne!

LE BRETON — Queques grains d'engrais d'ordinaire ça ne nuit pas à la pousse des arbres, Madame.

ÉVANGÉLINE — Oui, pourvu que j'y mettions c'te engrais en-dessous des racines, Monsieur, point sus les feuilles.

Le STOP, *chassant les pigeons* — Sortez d'icitte! Laissez notre sapin tranquille!

Pendant qu'Évangéline, à genoux près du sapin, l'essuie de son mouchoir et s'efforce de le redresser, les hommes retournent à leur bancs. Le Breton sort un livre de sa poche. Le Juif reprend son journal. Évangéline arrose son sapin.

ÉVANGÉLINE — Faut-i' ben asteur! Pauvre
petit marmot! Il a-t-i' point assez de se pri-
ver d'air salé, du vent de nordet et du cri des
goèlands, sans aouère à endurer des mouchu-
res de pigeons, asteur... C'est pas de même
qu'on doit traiter une petite pousse naissante...
Pis vous pourriez pas changer votre parler,
pour ben faire?... Frou-frou... c'est énervant
à la longue, ces lamentations-là. Ça me fait
trop penser au jargon à Armine quand a' s'en
a revenu des États et qu'a' parlait pus français... Ouvrez-vous le bec et pornez-les de la
gorge votre cri, coume ça: couac... couac!
C'est coume ça qu'i' faisont les goèlands. Ils
avont l'accent du pays, zeux!

LE BRETON — Hé-hé! Pour faire une mouette
avec un pigeon, il vous manque la mer, Madame, et ses poissons.

ÉVANGÉLINE — Si un pays neu' peut nous
refaire, nous autres, sus nos vieux jours, je
ouas pas pourquoi c'est que nous autres je
referions pas le pays, alors qu'il est encore
jeune.

Le Stop rit, puis s'arrête, gêné.

LE BRETON — C'est bien Évangéline que vous
vous appelez?

ÉVANGÉLINE — C'est ça.

LE BRETON — Évangéline, figurez-vous... Tout
comme Évangéline Bellefontaine, héroïne
d'Acadie.

41

ÉVANGÉLINE — Ben moi c'est Évangéline à Thaddée à Olivier à Charles à Charles, telle que me v'là, haire et descendante de l'un des premiers et seuls fondateurs du Fond de la Baie.

LE BRETON — Eh ben! ça vous empêche pas de vous ressembler, toutes les deux.

ÉVANGÉLINE — Coument vous dites ça? Moi je ressemble à c'telle-là qu'a son estâtue jouquée sus une colonne à Grand-Pré? Vous êtes drôle, vous! (*Elle rit. Le Stop aussi.*) Excusez-moi, c'est point pour vous offenser. Ben par chus nous, vous compornez, Évangéline, ben, c'est une maniére de patronne, de Sainte Vierge, queque chouse coume le soldat inconnu. Pis moi, ben... tout le monde me counaît. (*Elle rit.*)

Le Breton ouvre le livre Évangéline *de Longfellow, traduction de Pamphile Lemay.*

LE BRETON — Quand j'ai su que vous vous nommiez Évangéline, comme ça, par hasard, je me suis souvenu qu'à l'école — oh! y a bien longtemps — on nous avait parlé d'une histoire de déportation d'une colonie française d'Amérique: celle du peuple acadien. C'étaient nos cousins, qu'on nous avait dit, nos cousins remués de germain. Et on nous avait raconté l'histoire d'Évangéline, exilée avec les siens en Louisiane, et ne trouvant plus son Gabriel.

J'étais gosse et je braillais comme un veau. Toute la classe avait alors ri de moi. Je me souviens que je m'étais promis d'aller un jour voir l'Acadie et d'y chercher les descendants d'Évangéline.

ÉVANGÉLINE — Je croyais qu'elle était morte sans laisser de descendance, la vierge Évangéline.

LE BRETON — Si vous voulez. Mais les Acadiens, eux, sont sortis d'exil et sont tous aujourd'hui un petit brin ses héritiers.

Le STOP — Tout ça, c'est écrit là-dedans?

LE BRETON — Le poème *Évangéline*, De Henry Wadsworth Longfellow, un Américain.

ÉVANGÉLINE — Un Amaricain, t'as qu'à ouère! Coume si les Amaricains aviont point eu assez de nous bailler des patrons dans les *shops*, v'là qui s'en venont bailler une patronne au pays, asteur! ...Son histouère coumence-t-i' en Acadie ou en Louisiane?

LE BRETON — À Grand-Pré, en 1755.

Le Juif, intéressé, sort le nez de son journal. Le Stop s'approche.

ÉVANGÉLINE — À Grand-Pré...

LE BRETON, *sur un ton un peu emphatique* — C'était un peuple heureux, qui vivait là, sur les rives de la Baie Française: le peuple acadien. On vivait de pêche et de produits de la terre, dans de spacieuses maisons de bois,

43

dans la paix, et dans le respect des traditions et des lois de Dieu.

ÉVANGÉLINE — Je counais ça.

LE BRETON — À cette époque, un notable de la place, un dénommé Benoît Bellefontaine, venait de fiancer sa fille unique, Évangéline, à un jeune homme plein d'honneur et de courage : Gabriel Lajeunesse.

ÉVANGÉLINE — Mon houme à moi s'appelait Noré.

LE BRETON — Le mariage était fixé pour l'automne. Mais justement, cet automne-là, les Anglais, qui lorgnaient déjà depuis un bon quart de siècle les riches terres occupées par les Acadiens, expédient leurs troupes sous les ordres d'un certain colonel Monckton...

ÉVANGÉLINE — Moncton asteur !... Ils avont coumencé de boune heure à se moquer de nous autres.

Le STOP — Pis après ?... les fiancés ?...

LE BRETON — Justement dans la petite église de Grand-Pré où devait se célébrer le mariage de Gabriel et d'Évangéline, les troupes anglaises ont fait prisonniers, un bon matin, tous les hommes acadiens.

Le STOP — Oh !

ÉVANGÉLINE — Pis i' s'avont quitté faire ? Si c'est pas une honte ! J'arais voulu être là, moi, avec mes onze garçons !

LES TROIS HOMMES, *en chœur* — Onze garçons ?

ÉVANGÉLINE — Onze garçons, Messieurs... pis pas une fille. J'en ai sept de vivants. Ben sept, coume je les counais, c'est encore assez pour point se laisser enfarmer dans une église par des Anglais. Même pas catholique pis ça rentre dans nos églises et ça nous fait toutes prisonniers.

LE BRETON — Les hommes seulement.

ÉVANGÉLINE — C'est pour ça. Il leu manquait une femme ou deux dans l'église à nos houmes, pour les organiser, pis les fouetter, pis leu faire honte... Ben votre Évangéline, quoi c'est qu'a' faisait durant ce temps-là?

LE BRETON — Elle était assise sur les rives de Grand-Pré et elle pleurait, le visage dans son tablier.

ÉVANGÉLINE — C'était ben le temps! Peuh!... Quand c'est que j'avons eu le naufrage de la dune, y a passé vingt ans de ça, et qu'il a pèri cinquante-trois houmes en un seul jour, vous ariez point trouvé une femme du Fond de la Baie assise sus la côte, la face dans son devanteau. Non! J'étions au goulet, c'te jour-là, à garrocher des câbles pis des boueyes à l'eau; à pousser les houmes à la mer, en dôré de sauvetage; pis à forter dans les épaves que les lames de soixante pieds nous crachiont sus la côte. Les veuves pis les orphelins avont espèré que toute seyit fini et pardu, avant de se cacher la face dans le creux du bras.

45

LE BRETON — Mais vos ancêtres de Grand-Pré étaient sans armes, face à des soldats.

LE RABBIN — Pris par surprise et désarmé, on ne peut rien faire.

Le STOP — Ben... Gabriel?

LE BRETON — Avec les autres, le pauvre Roméo!

Le STOP — ...Roméo?

LE BRETON — Puis on conduisit les hommes sur des goélettes et on mit le feu à l'église.

ÉVANGÉLINE — Le feu à l'église! (*Elle s'empare de son seau.*) Ils avont laissé brûler l'église! Ben tous les puits étiont-i' taris? Je voudrais en ouère un s'en venir sous mes yeux mettre le feu à l'église! On fait une chaîne dans c'tes cas-là. (*Elle passe le seau au Stop qui cherche l'église.*) Garroche, garroche! Je pouvons toujou' ben pas quitter brûler notre église en priant Saint Jude.

Le Stop, affolé, fait le tour du parc avec le seau, le passe au Juif, qui le passe au Breton, qui le rend à Évangéline, qui arrose l'arbre.

ÉVANGÉLINE — Sus le brasier!

LE RABBIN — Personne n'a péri dans le temple?

LE BRETON — Pas dans le feu, non.

LE RABBIN — Tant mieux.

ÉVANGÉLINE — Ben vous vous figurez pas qu'ils alliont brûler du monde en vie, toujou' ben?

Le Breton regarde le Juif qui prend un drôle d'air. Silence.

Le STOP — Euh... les hommes sont sur des goélettes.

LE BRETON — Les hommes, les femmes et les enfants. Tout le monde.

Le STOP — Évangéline est avec Gabriel...?

LE BRETON — Eh non! on sépare les fiancés de leurs promises, les hommes de leurs femmes, les enfants de leurs parents.

ÉVANGÉLINE — Oui... ça je le savais. C'est pour ça que ç'a été si malaisé que mon pére contait, de démêler les familles ensuite. C'en a pris des défricheteuses de parenté pour raccommoder tous ces lignages-là. Figurez-vous un Cormier, de la branche des Pierrot à Pierre à Pierre, embarqué sus une goélette à l'âge de cinq ans et shippé en Virginie avec des Girouère, des Belliveau pis des Cyr. Par le temps qu'il est vieux assez pour comprendre qu'il est point un Cyr ni un Belliveau, lui, mais un Cormier, ben i' se souvient même pus du petit nom de son pérc, l'enfant de Dieu, et pus parsoune sait de quelle branche il est ersoudu. Par chance qu'au pays j'avons eu du monde coume Flora Goguen de Cocagne, pis Alban Girouère de Sainte-Marie, pis Alice Maillet du haut du comté, pour nous défricheter notre parenté et nous faire regrimper nos racines à rebours jusqu'à la Déportation.

47

Ben aujord'hui, je pouvons le dire la tête haute et sans frissons dans la voix que j'avons nos seize quartiers d'exilés, nous autres, ben propres, ben forbis par les lames et les vents salés du large, et ben consarvés après deux siècles.

...Ben sus deux siècles, j'en avons passé un à nous en revenir de Louisiane et à charcher nos terres et nos dides que j'avions perdues en chemin; et j'avons passé l'autre à les redéboiser, ces terres-là, pis à les replanter. Ben voulez-vous saouère, Messieurs? C'est justement à l'heure que j'avons achevé de replanter, que j'avons fini de payer nos églises et nos écoles, pis achevé de jeter nos trappes à l'eau, qu'ils s'en venont nous dire que la mer est vide et la terre pourrie, et que je serions aussi ben de mouver à la ville dans les *shops* gouvarnées encore un coup par les Anglais.

...Encore un coup, ils nous déportont; ben c'te fois-citte, sans même nous fornir les goélettes.

LE BRETON, *ému* — C'est pour ça, Évangéline, que vous avez dû quitter l'Acadie?

ÉVANGÉLINE — ...Ils nous avons point forni les goélettes, c'te fois-citte. Ça c'est une chouse que je leur dirai, à nos aïeux: ils nous avont point forni les goèlettes à nous autres; pis ils avont point fait de nous autres des héros pis des martyrs. Évangéline, la premiére, ils l'avont déportée dans le sû. Pis elle y est restée. Ben nous autres, je sons revenus... Je sons revenus par les bois, à pied, durant dix ans. Et je nous avons rebâti. Et j'avons replanté. Et j'avons encore un coup jeté nos trappes à l'eau. Ben le jour que j'avons ersoudu la tête de nos cabanes, et que j'avons pu ouère que le poisson coumençait à mordre et que nos âbres acheviont de grandir... (*Elle s'élance, furieuse, sur les pigeons.*) Ben ça va faire! Vous allez larguer mon sapin à la fin, mes espèces de pigeons anglicisés! Ça sera pas dit que j'arons eu marché dix ans dans les bois, et pioché deux siècles sus nos côtes, et fait le voyage tout seul là-bas du pays, pour nous faire chier sus les branches par des volailles étrangéres! Non, ça sera pas dit.

Les autres l'aident à chasser les pigeons. Cris d'enfants dans la rue. Le Stop s'arrête brusquement, puis s'élance, oubliant son «stop».

Le STOP — Attendez! attendez! travarsez pas comme ça, mes petits verrats, attendez-moi!

Il revient sur ses pas prendre son «stop» et dire au Breton:

Le STOP — Je vas revenir... si vous voulez m'attendre pour l'histoire... je vas revenir.

Il disparaît. Les trois autres éclatent de rire.
Puis le Breton tend la main au Juif.

LE BRETON — François Guéguen, Breton de
Bretagne.
LE RABBIN — David Cohen, Juif errant.
LE BRETON — Et voilà Évangéline II, d'Acadie.

Le Juif s'incline.

ÉVANGÉLINE — Ben coume je dirais, avec un
pareil lotte d'exilés, je pourrions nous crouère
encore en 1755.

Noir

Troisième tableau

fin juin

Le Breton et le Juif sont seuls. Le Breton sort de sa veste une bouteille de vin. Le Juif rit.

LE BRETON — Elle a dit: «Demain j'arai de quoi à manger pour vous; je m'en vas le qu'ri' de souère au C.N.R.»

LE RABBIN — Alors la Bretagne a répondu à l'Acadie: «Et moi j'aurai de quoi boire.»

Le Breton sort un tire-bouchon.

LE BRETON — Et voilà!

LE RABBIN — Vaudrait peut-être mieux les attendre.

LE BRETON — Ils ne doivent pas tarder. Elle a accoutume d'être matinale.

LE RABBIN — C'est une femme bien en vie.

LE BRETON — Et bien en chair.

LE RABBIN — Hi-hi!

LE BRETON — Ha-ha!

Le Breton remplit un gobelet de vin et l'offre au rabbin.

LE RABBIN — Attendons-les.
LE BRETON — Oui, bien sûr.

Il pose le gobelet sur le banc.

LE BRETON — Vous habitez le pays depuis longtemps?
LE RABBIN — Quelques années.
LE BRETON — Et vous veniez de...
LE RABBIN — De partout: d'abord de Roumanie, puis d'Allemagne, de la Suisse, la Suède, la France... longtemps en France... le Brésil, l'Argentine... c'est beau l'Argentine... puis le Canada.
LE BRETON — Tout ça en un demi-siècle. Et après?
LE RABBIN — Après...
LE BRETON — Aucun de ces pays-là n'est resté votre pays? Où avez-vous laissé votre cœur?
LE RABBIN — Mon cœur? Heh!... J'ai laissé en Amérique du Sud ma fortune; en France, mes amis; en Suède, en Suisse, ma santé; en Allemagne, j'ai laissé trois fils dans les camps; et mon père et ma mère reposent en Roumanie. Quand nous avons débarqué au port de Montréal, ma femme et moi, nous n'avions plus rien. Elle est morte ici, l'an dernier.
LE BRETON, *qui lui offre le gobelet* — Alors vous seul aujourd'hui êtes citoyen du monde.
LE RABBIN — C'est trop grand, le monde.

Il boit puis rend le gobelet. Le Breton se sert à son tour.

LE BRETON — Alors oublions-le.

Il boit.

LE RABBIN — Ou cherchons-le dans la dive bouteille.

Tout en causant, ils vident presque la bouteille à leur insu.

LE BRETON — C'est ainsi que Noé a oublié son déluge.

LE RABBIN — Et que les marins oublient le port.

LE BRETON — Non, pas le port, mais la mer. Vous pensez que les marins s'ennuient sur l'eau? Laissez-moi vous dire, l'ami, foi de navigueux: jamais un matelot ne s'ennuie autant que le jour où il voit partir vers le large un bateau qui ne l'emmène pas. Un pied marin ça sait autant marcher sur la terre ferme qu'un veau sur un tapis roulant.

LE RABBIN — Les hommes sont bizarres. Alors que certains rêvent constamment de partir en haute mer vers l'aventure, j'en connais qui traversent pendant quarante ans le désert pour retrouver leur terre natale. Le monde est bien bizarre.

LE BRETON — Oublions-le encore un coup. (*Il boit*.)

LE RABBIN — D'ailleurs, il ne mérite pas qu'on se souvienne de lui. Il est trop petit.

Les deux hommes commencent à être gris.

LE RABBIN — Trop vide.

LE BRETON — Trop dur.

LE RABBIN — Trop mou.

LE BRETON — Trop maigre.

LE RABBIN — Trop gras.

LE BRETON — Trop suffisant.

LE RABBIN — Trop infatué.

LE BRETON — Trop inconscient.

LE RABBIN — Trop inconsciencieusement conscient.

Voix d'Évangéline et du Stop au loin.

Le STOP — Aaah!... c'est comme ça. Moi j'aurais cru que ça se pêchait dans l'eau, voyez-vous.

LE BRETON ET LE RABBIN — Trop proche.

ÉVANGÉLINE — Non, non, c'est point du poisson, c'est point du poisson!

Évangéline et le Stop arrivent en portant un grand panier de coques.

LE BRETON — C'est des... des tortues?

LE RABBIN — Voyons, je crois que vous êtes un peu dérangé, cher ami. Ce sont des... des bigorneaux.

ÉVANGÉLINE — Quoi c'est que j'entends ? Des tortues pis des gorlots ? Et ça prétend aouère pris la mer à quinze ans ? Ça c'est des coques, jeune homme.

LE BRETON — Des coques ! Mes aïeux !

ÉVANGÉLINE — Frais sortis de la vase du Fond de la Baie.

LE RABBIN — Ça ressemble à des moules.

LE BRETON — Des coques fraîches ! Évangéline, mon Acadie préférée !

Il l'embrasse, mais elle se défend. Puis elle renifle et aperçoit en même temps la bouteille.

ÉVANGÉLINE — Quasiment vide. Ah-ha ! je crois qu'y en a qu'avont coumencé le pique-nique avant l'heure. Ouais, i' pouvont ben prendre une coque pour une tortue.

LE BRETON — Excusez-nous, Évangéline, on vous espérait, puis tout à coup le monde est devenu trop vide...

LE RABBIN — ...trop petit...

LE BRETON — ...trop mou...

LE RABBIN — ...trop maigre...

LE BRETON — ...trop gras...

ÉVANGÉLINE — ...Et pis une petite affaire trop plein, à mon dire. Venez manger, ça vous aplombera l'estoumac.

57

Le Stop examine, déçu, la bouteille.

ÉVANGÉLINE — Approchez-vous, y en a pour tout le monde.

On s'installe autour du panier. Évangéline sert ses invités.

ÉVANGÉLINE — Vous leur ouvrez le bec, coume ça, et pis oupse!... hum... ça vous fait ennuyer le gorgoton.

LE BRETON — Sacrebleu de morbleu de jarnidieu! des vraies coques des côtes de Bretagne.

ÉVANGÉLINE — D'abord, ça c'est des coques d'Atlantique. Et pis arrêtez-vous de jurer, vous.

LE BRETON — Mais nos coques aussi sont de l'Atlantique.

ÉVANGÉLINE — Quoi c'est que vous dites là?

LE BRETON — Moi aussi je suis né sur l'Atlantique.

ÉVANGÉLINE — Ben voyons...

LE RABBIN — L'Atlantique est la seule chose qui sépare votre pays du sien, Madame Évangéline. Il vivait aussi sur les bords de l'océan.

LE BRETON — De l'autre bord.

ÉVANGÉLINE — Ah bon?... Ben là vous mangez des coques de c'te bôrd-citte. C'est les meilleures.

Pendant ce temps, le Stop fait des efforts inouïs, mais ne se décide pas à manger des coques.

LE BRETON — Pas meilleures que nos langoustines, par exemple.

ÉVANGÉLINE — Quoi c'est qu'ils avont de plusse, vos augustines ?

LE BRETON — Langoustines, petites langoustes, qui sont des espèces de homards sans les grosses pinces.

ÉVANGÉLINE — Ben quoi c'est qu'on peut faire d'un houmard qu'a pardu ses grousses pinces ? Tout ce qu'il y reste c'est une queue, dans ce cas-là, et ça c'est pas grand-chouse.

LE RABBIN — Une queue de poisson, pas grand-chose.

Le Stop a réussi enfin à avaler une coque.

Le STOP — Je l'ai eue !...

LE RABBIN — Ça se trouve sur les roches, comme les moules ?

LE BRETON — Non, dans le sable.

ÉVANGÉLINE — La vase.

LE BRETON — Ça se pêche avec un pic et une pelle.

ÉVANGÉLINE — Et tes mains. Tu prends une pelletée de vase, pis tu vas forter dedans avec tes mains. Dans une seule pelletée, tu peux en ragorner...

LE BRETON — Trois ou quatre.

ÉVANGÉLINE — Douze ou quinze.

LE BRETON — Vous exagérez.

ÉVANGÉLINE — Moi j'exagère? Moi, je peux point vous déniger une douzaine de coques dans une seule bouillée? Ben regardez-moi faire!

Elle se lève, jette un coup d'œil autour d'elle, puis se rassied, déçue.

ÉVANGÉLINE — Icitte je trouverais même pas des laiches pour accrocher au boute de ma ligne... Des vers de terre à la place des coques, des pigeons à la place des goèlands... quel pays!

Le STOP — Tiens! Ils sont pas revenus, les petits christ!

ÉVANGÉLINE — Encore un qui jure!... Ben c'est vrai qu'i' sont point revenus, les verrats. Je finirons par les déserrer. J'avons ben déserré les feux-chalins et les marionnettes.

LES TROIS AUTRES — Quelles marionnettes?

ÉVANGÉLINE — Des marionnettes, voyons, des marionnettes dans le ciel.

LE RABBIN, *au Breton* — Vous avez déjà vu des marionnettes dans le ciel, vous?

LE BRETON — Peut-être tout à l'heure, mais là je me sens mieux.

ÉVANGÉLINE — Des marionnettes vartes et roses qui dansont dans le firmament des nuits d'autoune?

Elle chante la chanson des marionnettes :

ÉVANGÉLINE — « D'où venez-vous si tard,
                Compagnons de la marionnette,
                D'où venez-vous si tard sur le
                quai. »
LE RABBIN — Je crois comprendre : ce sont les aurores boréales. Je les ai vues en Suède.
LE BRETON — Ah ! les clairons !

Elle continue de chanter. Les hommes reprennent le refrain. Le Stop accompagne les chanteurs sur son harmonica.

ÉVANGÉLINE — Dansez, dansez la danse des marionnettes si vous voulez point qu'i' veniont vous étriver.

Elle entraîne les hommes dans la danse. Puis chacun se met à danser les danses de son pays. Tout cela aboutit à un quadrille autour du sapin.

ÉVANGÉLINE — Salut, Mesdames, salut, Messieurs... Échangez votre compagnie... Swing ta bottine dans le fond de la boîte à bois. ...Swing-les pas trop fort, tu y feras mal dans le corps.

Soudain, le Breton s'arrête, étourdi et pris de faiblesse. Les autres l'entourent aussitôt.

61

ÉVANGÉLINE — Erposez-vous une petite escousse. Pis faut point vous affoler; vous êtes
pus aussi jeune que dans le temps. (*Au Juif:*)
I' reste-t-i' rien au fond de la bouteille pour
le ravigoter?

*Le Juif s'empresse de lui faire boire la der-
nière goutte.*

LE BRETON — Merci, ça va. Ça n'est rien. La
chaleur, et l'essoufflement.
LE RABBIN — Bien sûr, et peut-être bien le
muscadet.
ÉVANGÉLINE — Dès que la brise s'élèvera,
vous vous sentirez mieux, vous allez ouère.
LE BRETON — Ça va déjà mieux, merci.
ÉVANGÉLINE — Je savais ben. Rien que de sentir un bouchon, ça vous ramène sitôt un
houme sus ses pieds. Je counais ça. J'ai
point été élevée au pays des *bootleggers* pour
rien.

Les trois autres lèvent la tête.

ÉVANGÉLINE — Ben oui, telle que vous me
voyez, j'ai été élevée sur les côtes au début
du siècle... du temps qu'i' se faisait la run de
rhum entre les îles. Et moi, ben... j'avais du
ressort dans les jambes, à l'époque, et des
étouèles dans les yeux. C'est ce qu'i' contiont.

Les hommes l'entourent pendant qu'elle raconte.

ÉVANGÉLINE — Y avait eu Cyprien, voyez-vous. Oh! je l'ai point marié, non... c'était trop malaisé dans le temps. Pis Noré avait une terre juste à côté de c'telle-là à mon pére. Cyprien, i' faisait la run, la run de rhum... Il était point aisé. Hi-hi!... De Saint-Pierre-et-Miquelon à la Côte-Sainte-Anne, et de là par les lignes vers les États. Et pis i' le pogniont jamais. À part de ça qu'i' vous avait des yeux, c'était point les boutonniéres de caneçons à mon pére. I' s'a jamais trouvé dans tout le pays un seul officier pour pogner Cyprien. Et pis je crois que c'ti-là qui l'arait eu pogné, i' l'arait eu largué tout de suite, par rapport que Cyprien, c'était toute une carcasse d'houme.

...Ça va-t-i' une petite affaire mieux, vous?

LE BRETON — Moi? Mais ça va très bien. C'est pas pour un petit ébarouissement qu'un homme de ma constitution va s'émouvoir. Je me sens en pleine vigueur.

Il ouvre sa petite valise et se remet à sculpter son bateau qui a progressé depuis le premier tableau.

ÉVANGÉLINE — Remettez tout de même votre casque; faut point après ça vous en aller prendre un refroidissement.

LE RABBIN — La run de rhum, au juste...

Le STOP — Ah! moi je counais ça; c'est coume faire la chasse à l'orignal, c'est défendu.

LE BRETON — La run de rhum, c'est la contrebande de spiritueux durant la belle époque de la prohibition en Amérique, qu'on a appelé les années sèches. *Dry America*! Hé-hé... Et dire que je me suis amené ici comme cette merveilleuse époque tirait à sa fin. Tant pis! J'ai quand même attrapé ma petite part du gâteau.

Voix d'enfants dans la rue. Le Stop dresse l'oreille. Il hésite entre le devoir de partir et le goût de rester, et finit par s'éloigner à regret.

LE RABBIN — Il était jeune, Cyprien?

ÉVANGÉLINE — Il était... l'âge a point d'âge à cet âge-là.

LE BRETON — Hélas! l'âge vient avec le temps. Et le temps venu, l'âge a de l'âge.

ÉVANGÉLINE — Non, moi je crois pas ça. C'est point les années qui baillont de l'âge à un houme, c'est la slaquerie.

LES DEUX AUTRES — La quoi?

ÉVANGÉLINE — La slaquerie. Quand c'est qu'un bon matin, une parsoune se réveille, et qu'a' s'aperçoit qu'a' slaque, a' s'aparçoit du même coup qu'a' vieillzit. C'est ça qui fait mourir les vieux: i' slaquont. Faut point slaquer, point s'arrêter pour prendre son souffle avant d'être rendu, d'être ben sûr d'être rendu.

LE RABBIN — Mais, Évangéline, quand une personne est rendue là, elle n'a pas le choix: elle slaque.

LE BRETON — Moi, j'ai slaqué tout à l'heure.

ÉVANGÉLINE — Voyons donc! Voyons donc asteur! C'est pas parce qu'un houme de votre vigueur a eu un petit ébarouissement coume ça, entre deux quadrilles, qu'i' va coumencer à se tâter les reins pis les rognons. C'est point pour vous vanter, mais vous avez une charpenture, vous, qui serait ben capable de vous mener droite à vos cent ans par la porte d'en avant.

LE BRETON — Aaaah?...

ÉVANGÉLINE — Y a pas l'air à vous manquer du bois franc sous la plante des pieds, coume je vous counais.

LE BRETON — Pour ça non!

ÉVANGÉLINE — ...Ni de l'huile dans les pentures ou de ressorts dans les narfes.

LE BRETON — Ni de flambe dans la cheminée, quant à ça, chère dame.

LE RABBIN — Oh, oh!

ÉVANGÉLINE — Ah ben asteur, vous, pornez garde de mettre le feu.

LE RABBIN — Et Cyprien, il avait mis le feu, à l'époque?

ÉVANGÉLINE — Cyprien... il arait pu mettre le

feu au pays si i' l'aviont quitté faire. Il arait pu... l' se faufilait entre les frégates la nuit, Cyprien, les frégates des officiers. Quand ils étiont au nôrd, i' prenait par le sû; et quand ils étiont au suroît, i' prenait par le nordet. I' le chassiont, ben i' se faufilait... Fallit ben qu'i' gâgne sa vie, Cyprien, coume chacun de nous autres. Les Acadiens de sus l'empre-mier aviont pas d'autre choix que de faire de quoi de défendu par rapport que rien leur était parmis. J'étions toutes des hors-la-loi dans ce temps-là.

LE BRETON — Vous pensez que c'était rien que pour gagner sa vie que le Cyprien s'est largué dans la grande aventure?

ÉVANGÉLINE — Heh!... peut-être ben itou une petite affaire pour faire enrager les gouvarne-ments.

LE RABBIN — Et ils l'ont jamais attrapé en mer, votre Cyprien, les officiers?

ÉVANGÉLINE — Les officiers, non; mais la mer, si. C'est yelle qui l'a attrapé.

Les hommes baissent la tête.

ÉVANGÉLINE — Il a pris la mer, un souère, et au petit jour, la mer l'a pris. Ben je peux pas blâmer la mer tout seule. Par rapport que le matin de mes noces avec Noré, tchequ'un du pays a rapporté que Cyprien avait garroché toutes ses cruches à l'eau: du rhum de Jamaïque et du vin de Saint-Pierre-et-Miquelon. Un *bootlegger* qui garroche ses cruches à l'eau, coume ça, pour rien, faut s'en méfier. Ben moi je dansais, c'te jour-là, ça fait que j'ai point eu le temps de me méfier.

Elle renifle. Le Breton lui entoure le cou. Puis elle se ressaisit.

ÉVANGÉLINE — Ben mon plus vieux, je l'ai noumé Cyprien, Joseph-Ernest Cyprien. Noré a jamais parmis que je l'appelions d'autre chouse qu'Ernest, ben sus son baptistaire, j'ai fait écrire Cyprien. Et ce que Noré a jamais su... (*Elle sourit.*)... il a les jambes longues, Ernest, et des yeux...

LE BRETON — ...C'est pas les boutonnières de caleçons à son père.

Tous rient.

ÉVANGÉLINE — Ça fait que pus tard, tous mes garçons avont fait coume Ernest: toutes des *bootleggers*.

LE RABBIN — Et ça, Monsieur Noré ne l'a jamais digéré.

ÉVANGÉLINE — Il a eu toute sa vie pour apprendre, Noré, qu'une Acadienne qu'a embrassé la mer une fois, ara le restant de ses jours les yeux rivés vers le large.

LE BRETON — ...Si vous aviez rivé vos yeux

une petite affaire plus longtemps, vous auriez pu dénicher, au fond du large, un autre aventurier qui faisait aussi sa petite contrebande.

ÉVANGÉLINE — Vous?

LE RABBIN — Vous n'avez pas fait la contrebande du vin en France tout de même. Ce pays-là n'a pas connu des années sèches, que je sache.

LE BRETON — La France, c'est aussi Saint-Pierre-et-Miquelon; et j'avais déjà franchi l'Atlantique à cette époque... Les cruches que Cyprien empilait dans sa cale, fallait des braves pour les lui livrer en mer.

LE RABBIN — Oh, oh!

ÉVANGÉLINE — Ah ben ça, par exemple! Ça vient des vieux pays, ç'a des belles maniéres et un beau langage, c'est chus eux sur une terre, et ça se fait *bootlegger* coume les esclaves!

LE BRETON — C'est pas les esclaves, chère amie, qui se font *bootleggers*, mais les aventuriers : ceux qui rêvent de retrouver les paradis perdus.

ÉVANGÉLINE — Oui, c'est ça, c'est ça qu'i' me contait, Cyprien. Il prenait la mer coume un houme prend femme, qu'i' contait, pour essayer de trouver de quoi au large, de quoi qu'une parsoune charche toute sa vie et qu'a' trouve rien qu'au petit jour de temps en temps. Lui itou il a appelé ça le paradis terrestre.

(*Silence.*) Ben, après qu'il a été parti, je l'ai pus jamais retrouvé, le paradis, pus jamais.

LE BRETON — Et s'il était encore là à nous espèrer, au large du large?

LE RABBIN — On ne prend le large qu'une fois; et encore faut-il être en pleine force.

LE BRETON — ...jeune, tout entouré d'horizon, avec le monde à conquérir...

LE RABBIN — ...à l'âge où on ne peut pas savoir que ce monde-là vous fera payer si cher chacun de vos paradis.

LE BRETON — Pas trop cher, non. Savoir qu'il en resterait un seul quelque part entre la mer et le ciel...

ÉVANGÉLINE — J'irais le qu'ri' moi. J'ai pour mon dire qu'un houme qu'est pas mort, c'est un houme qu'est en vie. Entre les deux, y a rien. T'es d'un bôrd ou de l'autre. Y a pas de motché avec la mort. Ça fait que pourquoi c'est que tu ferais le mort quand c'est que t'es encore en vie?

LE BRETON — Oui, pourquoi c'est?

LE RABBIN — Parce que la vieillesse est un entre-deux.

ÉVANGÉLINE — Taisez-vous! À parler de même, vous vous enfoncez un pied dans la tombe. J'arions-t-i' chacun de nous autres bûcher toute une vie, traîner nos guénilles de lot de térre en lot de térre et d'une mer à l'autre, pour venir finir nos jours en pays étranger sans même aouère le droit de regarder encore un coup le soleil en face? J'ai pour mon dire, moi, et Cyprien itou l'arait dit, que chacun a reçu sa part de vie, son petit morceau de siècle, qu'i' disait, et qu'avec ça, tu te fais toi-même ton bounheur de vie. Ça fait qu'allez-vous me dire qu'une parsoune qu'a reçu pour tout héritage quatre-vingts années va en larguer une, et peut-être sa darniére, par rapport qu'y en a qui la trouvont vieille? Sus mon suaire et dans mon coffre à six pognées, là qu'i' me trouviont vieille, s'i' voulont; pas avant. Surtout que des déportés coume j'en sons, ç'a point le droit de vieillzir aussi vite que les gens du coumun, par rapport que ceuses-là, ils avont un pays à transplanter.

Les trois dévisagent le sapin.

LE BRETON — Il a pris racine!
LE RABBIN — Il pousse!
ÉVANGÉLINE — Il va vivre, le petit enfant de Dieu!

Pendant qu'ils s'approchent du sapin, le Stop revient emportant dans le creux de ses mains un oiseau.

Le STOP — C'est pas ça un goéland?
ÉVANGÉLINE — Un bec-scie! Mon Dieu séminte! Où c'est que vous avez trouvé ça?

Le STOP — Pas loin... sur la rue Saint-Paul.

LE BRETON — Tout près du port ça. C'est un oiseau de mer fourvoyé dans les poubelles.

ÉVANGÉLINE — C'est point un goèland tout à fait, ben chagrinez-vous pas : où c'est qu'y a des becs-scies, il est pas loin d'aouère des goèlands.

Elle entonne de nouveau la chanson des marionnettes et tous se remettent à danser autour du sapin.

ÉVANGÉLINE —
  « D'où venez-vous si tard,
  Compagnons de la marionnette,
  D'où venez-vous si tard sur le quai. »

LE BRETON *chante* —
  D'où venez-vous si tard,
  Belle Acadie de mon cœur.

ÉVANGÉLINE — Pornez garde de point vous essouffler encore un coup, jeune homme.

LE BRETON — D'où venez-vous si tard, Évangéline.

LE RABBIN, *au Stop* — Il faut libérer votre prisonnier, mon frère. Il a droit à sa vie, aussi.

Le Stop grimace, puis ouvre les mains. Tous regardent s'envoler le bec-scie.

71

ÉVANGÉLINE — Va-t'en, petit bec-scie, retorne chus vous ; ben la prochaine fois, ramène-nous les goèlands !

ENTRACTE

ACTE II

Premier tableau

en septembre

Le Stop est seul, se balançant sur ses pieds, visiblement inquiet. Soudain il se redresse, sourit et part presque à la course. Il revient avec le Juif.

LE RABBIN — Et comment avez-vous passé vos vacances, Monsieur Tremblay?

Le STOP — Moi j'suis pas un Tremblay, ben un Dufour.

LE RABBIN — Oh! pardon. J'ai pensé à Tremblay parce que vous êtes du Lac Saint-Jean.

Le STOP — Non, c'est ma mère, pis ma grand-mère, la mère à mon père, pis itou la mère à ma mère, ceux-là sont des Tremblay; moi, j'suis un Dufour.

LE RABBIN — Ah! bon, je comprends. Mais ça n'a quand même pas cessé beaucoup de trembler dans la famille, à ce que je vois.

Le STOP — Hi, hi!... Et i' disent que vous êtes un robin?

LE RABBIN — Rabbin, fils de rabbin, fils de rabbin.

Le STOP — Ça fait que chus vous, ç'a pas dû arrêter de robiner ben longtemps non plus.

Le Juif est un peu piqué. Le Stop se fige. Puis les deux continuent à attendre et à guetter la rue. Soudain le Stop s'écrie :

Le STOP — Le v'là !

Il part et le Juif le suit un bout. Le Stop ramène le Breton. Le Breton et le rabbin s'accueillent chaleureusement.

LE BRETON — Hé là !
LE RABBIN — Bien, bien !

Le Stop suit la scène, rayonnant. Les deux autres se tâtent.

LE BRETON — On n'a pas trop grossi.
LE RABBIN — On n'a pas perdu de poids.
LE BRETON — On a peut-être un grain de blanc de plus dans la barbe ?
LE RABBIN — On a l'air d'avoir perdu un poil sur la tempe.
LE BRETON — Non, c'en est un qui gênait, je l'ai enlevé moi-même.
LE RABBIN — Oh !... et moi j'ai blanchi ma barbe à la chaux.
LE BRETON — Ho, ho, ho !
LE RABBIN — Hé, hé, hé !

Ils s'assoient. Le Stop guette.

LE BRETON — Et les vacances au vieux pays?

LE RABBIN — Bah!...

LE BRETON — Comment! bah!... on n'est pas parti?

LE RABBIN — Si, mais...

LE BRETON — Mais on s'est pas rendu.

LE RABBIN — Pas au pays, non. J'ai fait demi-tour à New York.

LE BRETON — Ah! par exemple! On part pour Israël et on s'arrête à New York. Vous me cachez quelque chose, l'ami.

LE RABBIN — Pas du tout. Je suis revenu parce que des frères là-bas m'ont dit que ce n'était pas le moment de rentrer en Israël: qu'à mon âge, il valait peut-être mieux laisser la lutte aux plus jeunes.

LE BRETON — À votre âge! je connais quelqu'un qui n'aimerait pas vous entendre parler comme ça. (*Au Stop.*) Elle n'est pas venue aujourd'hui?

Le STOP — Non; pourtant elle est venue tous les jours du mois d'août.

LE RABBIN — Alors elle ne tardera pas.

LE BRETON — Et elle vous remettra à votre place avec vos idées de vieillesse.

LE RABBIN, *parodiant Évangéline* — Quoi c'est que ces discours asteur? qu'elle dira. Que je vous repogne à aouère des idées de même dans la caboche, petit verrat!

79

Il s'arrête court devant le regard furieux du Breton.

LE RABBIN — Oh! pardon!...

LE BRETON — Vous avez beau être mon ami, Monsieur le rabbin, je ne laisserai personne, vous entendez, personne se moquer devant moi d'une dame que j'honore et que je respecte.

LE RABBIN — Mais je n'aurais pas cru que vous étiez si chatouilleux, Monsieur le Breton.

LE BRETON — Je suis chatouilleux, moi, parce que je défends le sexe faible?

Le STOP — Le sexe faible! Hi-hi-hi!...

LE BRETON — Vous avez parlé?

Le STOP — Euh... non... je... euh...

LE BRETON — Quand on craint de dire des sottises, vaut mieux s'abstenir, jeune homme.

LE RABBIN — C'est mon avis aussi.

LE BRETON — Vous insinuez peut-être que je devrais me taire, Monsieur?

LE RABBIN — Je n'insinue rien, je parle clairement.

LE BRETON — Mais vous avez laissé entendre que je pouvais m'emporter.

LE RABBIN — Je n'ai rien laissé entendre.

LE BRETON — ...que j'étais impatient, irritable peut-être.

LE RABBIN — Si vous continuez sur ce ton, je finirai par le reconnaître.

LE BRETON — Vous ne m'apprendrez rien, on me l'a déjà dit.

LE RABBIN — C'est bien fait.

LE BRETON — Comment? Mais est-ce qu'on vous a déjà dit, à vous, que vous vous mêliez de choses qui ne vous regardent pas?

LE RABBIN — Non, jamais. D'ailleurs je ne l'aurais pas pris.

Le Stop essaye de les distraire ou de les séparer.

LE BRETON — De quoi vous mêlez-vous, jeune homme?

LE RABBIN — Vous a-t-on demandé votre secours?

Le STOP — C'est elle!

Les trois sautent sur leurs pattes et partent à la rencontre d'Évangéline qui n'a pas attendu le Stop pour traverser.

ÉVANGÉLINE — Hé ben! V'là tout le conclave qu'allait enterprendre de refaire le monde sans moi.

Le Breton s'approche et lui baise tendrement la main. Le Juif fait de même. Le Stop s'efforce de les imiter, mais ne sait comment s'y prendre. C'est Évangéline qui le dépanne en lui tapant affectueusement la joue. Il en

faiblit, le pauvre. Les deux autres le soutien-
nent et du coup se réconcilient.

LE BRETON — Le mois d'août fut très long sans
   vous, Évangéline.

ÉVANGÉLINE — Vous aviez beau rester par
   icitte. Moi, j'ai point grouillé.

LE RABBIN — Après cinquante ans, notre ami
   méritait bien un petit retour au pays, voir si
   les saules étaient toujours debout devant la
   maison natale.

LE BRETON — Ce n'était pas des saules, mais
   des châtaigniers ; et ils ont bâsi.

ÉVANGÉLINE — Ils ont bâsi ? Quoi c'est que la
   sorte d'âbres que vous plantez dans les vieux
   pays, qui savont point vivre cinquante ans ?
   Un sapin, par chus nous, est capable d'enter-
   rer son maître, ses enfants, pis les enfants de
   ses enfants. Parlez-moi de ça !... Ben quoi
   qu'est que je vois ? L'esclave du Bon Djeu !
   Qui c'est qui y a fait ça ?

Elle se dirige vers le sapin, déraciné.

Le STOP — C'matin, m'en sus venu de bonne
   heure et je l'ai trouvé déterré.

ÉVANGÉLINE — Vous l'avez trouvé quoi ?

LE BRETON — Déraciné ?

Le STOP — Ouais, il était là, au bord du chemin,
   sus les poubelles, les quatre fers en l'air.

ÉVANGÉLINE — Ah ! les vauriens !

LE BRETON — Les salauds!

LE RABBIN — À votre avis, c'est du vandalisme ou c'est le zèle des gardiens de la paix?

ÉVANGÉLINE — Vous me parlez d'une maniére de garder la paix! S'en prendre à un pauvre petit âbre sans défense et encore quasiment au berceau. C'est coume ça que ça se passe par chus nous itou: ils s'attaquont tout le temps à plus petit que soi. Mais ça leur arrive de rester surpris, des fois, et de ouère même les borceaux leu borcer sus les pieds. Ils avont appelé ça la vengeance des borceaux!... Coume ça, i' déracinont vos âbres par chus vous itou?

LE BRETON — C'est pas les ennemis dans mon pays qui déracinent les arbres, c'est le progrès.

ÉVANGÉLINE — Vous appelez ça du progrès?

LE BRETON — Vingt ans que j'étais pas rentré, et qu'est-ce que je vois? Des enseignes lumineuses sur les pignons anciens; une fontaine séchée au centre de la place: et au lieu des châtaigniers, des superbes châtaigniers séculaires que mon grand-grand-père avait plantés, des canards de bois sur un gazon tondu. Ce n'est plus ma Bretagne ça. Et le Mathurin...

LES TROIS AUTRES — Et quoi le Mathurin?

LE BRETON — Il n'a plus ses oies, le Mathurin. Non, plus d'oies chez le Mathurin. Et puis... il est mort, Mathurin! Plus un seul conteur de légendes au coin du feu; plus de vieux mariniers qui traînent dans les cafés à l'heure de midi; plus de bigoudènes sur les perrons; plus de pêcheurs au havre vendant les huîtres et les moules à la criée. Non! Mais des coopératives, des boutiques, des phares automatiques et des Américains. Une pleine Bretagne d'Américains!

LE RABBIN — Auparavant, c'était les Anglais qui inondaient la Bretagne.

LE BRETON — Un Anglais, c'est plus discret: ça se mêle pas aux gens et ça baragouine tout bas.

ÉVANGÉLINE — Mais même quand ça baragouine tout bas, ça baragouine encore en anglais.

LE RABBIN — Tant mieux si vous ne trouvez pas votre pays comme vous l'avez quitté: c'est plus facile alors de vous en séparer.

LE BRETON — Que voulez-vous dire avec votre « plus facile »? Et vous croyez, vous, que je m'en suis débarrassé de mon pays? Vous ne savez pas qu'un citoyen français mâle garde sa citoyenneté toute sa vie? Je suis un Breton bretonnant, moi, qui bretonnera jusqu'à sa mort.

LE RABBIN — Mais c'est vous qui venez de dire que vous ne retrouviez plus de dentelières, ni de mariniers, ni de châtaigniers en Bretagne.

LE BRETON — Comment plus de châtaigniers ni de mariniers en Bretagne? Mais s'il n'y a plus de marins dans les ports, sachez, Monsieur, qu'il y en a en mer; et si on ne trouve plus de châtaigniers, on trouve des chênes, en Bretagne, et des aulnes, et des saules, et des trembles, et des tilleuls, et de la bruyère, et des pins...

ÉVANGÉLINE — Des sapins?

LE BRETON — Oui, presque des sapins, mon amie. La Bretagne est un pays d'Atlantique, comme l'Acadie. Comme vous, j'ai couru sur les rochers, enfant, et sur les dunes de sable et de foins salés; j'ai rempli des brouettées de galets et de cailloux.

ÉVANGÉLINE — Et d'harbe à outarde?

LE BRETON — Et des charretées d'algues et de goémon.

ÉVANGÉLINE — Pas pour terrasser la maison, toujou' ben?

LE BRETON — Du bois d'épave pour chauffer le poêle de fonte.

ÉVANGÉLINE — Et à la côte, il venait des fois des marsouins et des baleines?

LE BRETON — Au large, on voyait de temps en temps des vaches de mer et des maraches.

ÉVANGÉLINE — J'arais voulu counaître ce pays-là d'où c'est que je sons ersoudus, dans le temps. Et des fois, il me prend le goût de m'en retorner lc ouère... pour ouère...

LE BRETON — Je vous y mènerai, moi, Évangéline.

Il s'approche d'elle et devient tendre, oubliant la présence des deux autres.

ÉVANGÉLINE — Là-bas de l'autre bôrd ?

LE BRETON — Au bout du monde, si vous voulez. À dos de cheval, en goélette ou dans mes bras.

ÉVANGÉLINE — Ben là, taisez-vous, vous, parce que vous allez me chavirer tout net.

LE BRETON — Alors nous serons deux chavirés, et ensemble nous pourrons peut-être faire des petites folies.

ÉVANGÉLINE — Quoi c'est que j'entends ? À votre âge, vous avez point honte ?

LE BRETON — Mais qu'est-ce qu'il a, mon âge ? Et pourquoi c'est que j'en aurais honte ? C'est mes quatre-vingts ans qui vous rebutent, ma douce amie ? Je voudrais bien vous en offrir soixante ou cinquante. Mais j'en ai quatre-vingts, pour mon malheur. Pourtant, ces quatre-vingts-là, je les ai bien remplis. Quatre-vingts tours du soleil et douze fois quatre-vingts lunes. Deux guerres, les colonies, trois océans. La faim, le froid, l'aventure, la peur, les rêves, le désir et l'amour. Je serais prêt à renoncer à tout ça pour avoir une mouelle plus souple, dans les os, et beaucoup plus d'avenir à vous offrir.

ÉVANGÉLINE, *émue* — Quatre-vingts, c'est l'âge d'or, coume ils appelont. Et quand c'est qu'une parsoune se trouve devant de l'or, elle arait ben tort de loucher du bôrd du fer-blanc, que je dis.

LE BRETON — Mon Évangéline !

Le Juif interpelle de loin le Stop.

LE RABBIN — Monsieur Tremblay ! Attendez-moi ! Je vois beaucoup de gens là-bas, de l'autre bord. Nous ne serons pas trop de deux pour les traverser.

Le STOP — Où ça ?

Le Stop regarde partout sans voir personne et cherche à comprendre. Mais déjà le Juif l'a rejoint et l'entraîne.

LE RABBIN — Venez, Monsieur Tremblay.

Le STOP — Moi, voyez-vous, je suis un Dufour. Les Tremblay, c'est ma mère, pis la mère à mon père, pis la mère à ma mère...

Le rabbin jette un dernier coup d'œil malin au couple d'amoureux, et il disparaît avec le Stop.

ÉVANGÉLINE — Quoi c'est que ça ? Les Juifs allont-i' se faire travorsiers, ceux-là itou ? V'là ben le restant, et ça doit aller pus mal qu'on pense au pays.

LE BRETON — Que le pays emporte les Juifs et les traversiers ! Pour l'instant, prenons le temps qui passe et ramassons les morceaux de vie qui nous reste.

ÉVANGÉLINE — Vous avez là des discours d'un houme qui sent sa darniére heure. Vous avez point honte, à votre âge?

LE BRETON — C'est à l'heure que la vie recommence à être belle, qu'un homme a peur de sa dernière heure. Belle, belle, oui, belle!

ÉVANGÉLINE, *soudain rêveuse* — Cyprien contait que j'étais belle, dans le temps... Même Noré me l'a dit quequefois, au coumencement. Ils me parliont de mes mains, pis mes yeux, pis mes... Ben y a soixante ans de ça. Et dans soixante ans, les vents du nôrd et l'air salé avont bétôt fait de te creuser des seillons dans la peau.

LE BRETON — Et qu'est-ce qu'y a de plus beau au monde qu'une femme qui porte son pays et sa vie gravés dans sa peau?

ÉVANGÉLINE — Même Cyprien arait jamais pu parler ben coume ça.

LE BRETON — Ah! quelle chance il a eue le Cyprien, de surgir dans votre vie à vingt ans, celui-là! Et il vous a laissées filer entre ses doigts, la poire!

ÉVANGÉLINE — C'est de ma faute. C'est moi qu'a point voulu et qu'a manqué ma chance.

LE BRETON — Mais une chance, ça se rattrape. Et si j'étais le Cyprien de la dernière heure, hein? Un Cyprien qui vous aurait espérée septante ans...

ÉVANGÉLINE — Septante ans!... j'ai point entendu ce mot-là depuis que j'ai quitté le pays.

LE BRETON — La Bretagne était pleine de vieux mots acadiens. Si je m'y mets, je parviendrai à les déniger tous.

ÉVANGÉLINE — Déniger...

LE BRETON — Quittez-moi un petit élan vous amiauler, et minatter votre menine...

ÉVANGÉLINE — Minatter...

LE BRETON — ...et votre cagouette...

ÉVANGÉLINE — Hi, hi!...

LE BRETON — ...et vous pigouiller le râteau de l'échine...

ÉVANGÉLINE — Heye! arrêtez-vous! Vous me chatouillez. Et pis, c'est pas parmis.

LE BRETON — Pardon.

ÉVANGÉLINE — Hé, hé... vous en counaissez d'autres mots acadiens?

LE BRETON — Ooooh!... Menton fourchu, bouche d'argent, nez quinquinc, joue rôtie, joue bouillie, petit œil, gros œil, petit usse, gros usse...

Il l'embrasse.

LE BRETON — ...et je redescends: nez quinquinc, bouche d'argent, bouche d'ivoire, bouche d'or. C'est ainsi que nous reculons dans le temps, que nous faisons marcher les années à rebours.

ÉVANGÉLINE — Les années à rebours! Là je

retrouverions nos ressorts ben dérouillés dans les jambes ; et de l'huile ben neuve dans les jointures ; et des yeux à pic qui calouetteriont des étouèles à grandeur d'horizon ; et dans le cœur...

LE BRETON — ...des chants d'oiseaux.

ÉVANGÉLINE — Pas de pigeons !

LE BRETON — Des mouettes et des goélands.

ÉVANGÉLINE — Des goèlands qui s'envolont par centaines à la moindre vache marine qui geint au large... et qui se jouquont sus le beaupré et sus les mâts... et qui se laissont ramasser dans les grands mains des matelots qui rentront des îles avec leu charge de rhum et de vin de Saint-Pierre-et-Miquelon.

LE BRETON — ... Des matelots qui ont espéré des mois, dans des hamacs que la mer berce chaque nuit, et qui se réveillent un bon matin au cri des goélands qui leur apportent les premières nouvelles du pays : le petit mousse du notaire s'ést égaré dans les rochers de la Pointe-du-Raz et le village a dû organiser une battue pour le retrouver ; et la vieille Joséphine-la-Bossue s'est donné un tour de rein en transportant ses cruchons de vin dans la cave ; et le raguenasoux de Philippe au défunt Georges a finalement demandé la main de la belle Françoise, ça s'est fait y a trois jours ; et hier soir, vers les cinq heures, le vaisseau-fantôme est apparu encore un coup aux pêcheurs de Belle-Île-en-Mer.

ÉVANGÉLINE — Vers cinq heures, hier au souè-re, il a fait son apparition au large de la Côte-Sainte-Anne: c'est les pêcheux de mo-rues qui l'avont aparçu en rentrant au goulet. Il brûlait en mer, le pauvre bâtiment, corps et bien.

LE BRETON — Des côtes de Bretagne, je le voyais.

ÉVANGÉLINE — Je le voyais du Fond de la Baie.

LE BRETON — De grandes flambes montaient dans le ciel comme un présage.

ÉVANGÉLINE — Je l'appelions le feu du mau-vais temps. Ça annonçait tout le temps une tempête en mer...

LE BRETON — ...et l'automne tout proche.

ÉVANGÉLINE — ...et l'hiver qui amènerait les longues veillées de houquage et de piquage de couvartes...

LE BRETON — ...et de réparage de filets...

ÉVANGÉLINE — ...et un autre printemps tout jeune qui briserait encore un coup les glaces et appellerait les houmes et les bâtiments au large...

LE BRETON — Des bâtiments flambant neufs, frais sortis des chantiers de Saint-Nazaire.

Il sort de sa valise le petit bateau qu'il a achevé de sculpter.

ÉVANGÉLINE — Il est fini!
LE BRETON — Pour vous.

ÉVANGÉLINE — Quoi c'est que je vois là? Vous l'avez baptisé Évangéline?

LE BRETON — C'est pour partir vers la Louisiane y qu'ri' Gabriel.

ÉVANGÉLINE — Ah!... m'est avis que c'est ben loin, la Louisiane, quand c'est qu'y a des Gabriel un petit brin partout.

LE BRETON — Mon amour!

Évangéline se laisse glisser dans les bras du Breton. Pendant cette scène, les deux autres sont entrés sur le bout des pieds et sont allés décorer le sapin de boules de Noël. Puis le Juif donne le signal et les deux hommes entonnent un chant de Noël. Les amoureux, surpris, se retournent brusquement et tous éclatent de rire.

ÉVANGÉLINE — Sainte Mère de Jésus fils de Dieu!

Rire général. Puis on se remet à danser sur la chanson des marionnettes. Soudain le Breton s'arrête.

LE BRETON — Ce n'est pas l'âge, rien que les jambes... les jambes qui ne veulent plus...

LE RABBIN — Ça ne va pas?

LE BRETON — ...rien que les jambes...

Il titube. Les deux hommes veulent l'aider, mais Évangéline les pousse et l'étend par terre en lui posant la tête sur ses genoux.

Évangéline — Faisez de l'air, de l'air... Assayez de respirer... prenez une grande respire, comme ça... Allez qu'ri quequ'un... un docteur... un prêtre...

Les deux hommes s'affairent. Puis le Stop sort.

ÉVANGÉLINE — Intchétez-vous de rien, ça va aller mieux, prenez doucement votre respire... L'autoune passera vite. Vous allez ouère, pis le printemps va revenir avec ses goèlands sus les mâts pis sus le beaupré... Y a-t-i' point un seul prêtre pis un seul docteur dans une pareille grand-ville ?

LE RABBIN — Tremblay est parti les chercher. ...Essayez de vous détendre, ne pensez à rien.

ÉVANGÉLINE — Jonglez à la mer qui borçait les hamacs dans les goélettes.

LE BRETON — La goélette-fantôme brûle au large.

ÉVANGÉLINE, *qui cherche au loin* — Non, c'est un feu de branchailles que vous aparcevez sus les côtes. Les pêcheux faisont boucaner la morue pour l'hiver.

LE BRETON — ...plus d'hiver... plus jamais d'hiver... ma femme...

ÉVANGÉLINE — Intchétez-vous de rien, j'suis
là. Pis au retour des outardes, tous les deux...
LE BRETON — ...Qui ça...?
LE RABBIN — Évangéline... Évangéline est là...
LE BRETON — ...Évangéline... allez en Louisia-
ne... qu'ri'...Gabriel...

*Sa tête tombe. Le Stop arrive tout essoufflé.
Évangéline agrandit les yeux et crie.*

ÉVANGÉLINE — Cyprien!

Au loin, sirène d'ambulance.

Noir

Deuxième tableau

en octobre

Évangéline, assise sur son banc, pleure dans un Kleenex, *pendant que le* Stop, *affolé, tourne autour. Soudain, elle chiffonne le* Kleenex, *le réduit en boule et le lance au loin. Puis elle se lève et vient face au public.*

ÉVANGÉLINE — Coument voulez-vous qu'une parsoune de mon âge braille la mort d'un houme dans un Kleenex !

Elle marche de long en large. Le Stop s'assied sur le dossier du banc et l'écoute.

ÉVANGÉLINE — Ils m'avont tout pris, morceau par morceau. La terre, qu'allait de la mer au chemin du roi, trois milles et trois-quart et un demi-quart, que le défunt beau-pére avait carculé. Une terre de sable blanc le long de la côte, et tout le reste en beaux champs déboisés. Ils nous l'avont grignotée, bouchée par bouchée, pis ils y avont replanté du pruce pour leu moulin à scie. Ce que six générations de géants avont défricheté, ç'a pris rien qu'un petit houme en chemise fine pour y replanter une forêt. Pis i' m'avont pris Cyprien, pis Noré, pis mes garçons, l'un après l'autre: les *shops*, les États, Saint-Jean, Moncton, et asteur Mâtréal où c'est que j'ai fini par atterrir moi-même, avec tous les exilés. Et v'là que sus mes vieux jours, coume le Bon Djeu a eu l'air de vouloir me bailler une darniére chance, ben ils me la prenont itou, une darniére chance, et ils me quittont brailler tout seule dans un *Kleenex*, par rapport qu'ils m'avont même pris mes mouchoués ces darniers temps...

...Des mouchoués, c'est pas hygiénique, qu'elle a dit, la bru. Pas hygiénique! Des mouchoués brodés à la main, consarvés passé soixante ans dans un coffre de cèdre, un coffre que mon défunt pére lui-même m'avait tout travaillé au couteau de poche, pour mon mariage. Et c'est pas hygiénique, ça? Y a la vie qu'est pas ben hygiénique depuis un sartain temps, depuis que t'es réduit à brailler la mort de ton houme dans un *Kleenex*.

Le Stop dresse l'œil et l'oreille, se lève et part.

Le STOP — Je vas revenir, attendez-moi.

ÉVANGÉLINE — Il va revenir, lui, ben y en a qui reviendront pus jamais. Pis jamais ça veut dire jamais. Une parsoune ara beau compter les heures, pis les jours, pis les ânnées, ça sera toute pareil, toute du temps vide. J'avais accoutume de regarder passer les oiseaux pis de me dire : c'est le temps qui vole. Et j'arais voulu en attraper un par les ailes et le garder un petit bout de temps dans le creux de la main. Coume ça j'arais pu me figurer que c'était l'heure que j'arrêtais de passer. Y a des heures dans la vie qu'une parsoune aimerait ben attraper pis consarver une petite escousse pus longtemps. Pas de danger, c'telles-là s'envolont ; c'est les autres qui te restont collées à la peau coume la gale.

Arrivent le Juif et le Stop. Le Juif et Évangéline se serrent la main.

ÉVANGÉLINE, *qui renifle* — C'est ben, c'est ben. Assisez-vous pis boutounez votre rabat, l'autoune est venu.

Le Juif obéit.

Pis assayez après ce temps-citte de couper un petit boute de c'te barbe-là, le poil s'entortille dans vos boutons. Une parsoune doit point se laisser aller, coume ça, c'est pas hygiénique.

LE RABBIN — Je suis venu vous dire, Évangéline...

ÉVANGÉLINE — Non, c'est mieux de rien dire, ben de faire un petit effort pour se redorser. L'hiver qui vient peut point être aussi longue que c'telle qui vient presque quasiment juste de finir. Ça arrive pas deux ans de suite ça. Pis l'autoune est encore jeune, regardez les feuilles. Oui, même l'hiver finira par passer, coume tout le reste. Pis au printemps qui vient, y ara encore des petites fraises, pis des coques... Des coques... Il s'a levé la tête quand c'est qu'il a entendu ce mot-là. Dans ces vieux pays, ils avient itou des coques... pis un cagouette, un échine... menton fourchu, bouche d'argent, nez quinquinc... C'te jour-là, je m'ai dit : une parsoune qui comprend les mots de ta langue est peut-être ben pas loin de te comprendre toi itou.

LE RABBIN — Oui, il comprenait tout, lui. C'est l'un des seuls au pays qui m'a pris pour l'homme que j'étais ; pas pour une race ou une idée. Quand on a connu sur la fin de sa vie un homme comme ça, on n'en cherche plus d'autres ; on peut se retirer.

ÉVANGÉLINE — Quoi c'est que vous racontez là, vous ?

Le STOP — Vous voulez asteur vous retirer ?

LE RABBIN — Je vais rentrer au pays. Et cette fois, je n'arrêterai pas à New York.

Le STOP — Où ça ?

LE RABBIN — À la terre de mes aïeux.

ÉVANGÉLINE — Mais... mais c'est dans les pays chauds, ça, c'est au boute du monde. Vous pouvez pas partir si loin, à l'âge que vous avez.

LE RABBIN — Vous êtes pourtant partie vous-même assez loin, Évangéline, et à un âge plus avancé que le mien.

ÉVANGÉLINE — Moi c'est point pareil, je suis d'une race de déportés.

LE RABBIN, *qui fait un drôle d'air* — Heh!...

ÉVANGÉLINE — C'est ben, c'est ben, vous itou. Mais vous êtes ben traité par icitte: point de famine, point de guerre, point d'épidémies...

Le STOP — Ben des grèves, pis de la neige.

ÉVANGÉLINE — De la neige, qu'i' dit. Ç'a-t-i' déjà tué une parsoune, ça? À part de c'ti-là qui s'aventure dans les bois en pleine tempête de février. Ben faut pas faire exprès. Y a tout le temps moyen de te mettre le cou où c'est que t'as pas affaire. Mais y a peut-être moyen itou de t'en sarvir pour regarder passer les outardes et jaunezir les feuilles.

...Venez ouère mon sapin, si vous croyez qu'y a pas moyen de se redorser pis de replanter ses racines sus ses vieux jours.

Tous les trois s'approchent du sapin.

LE RABBIN — Il pousse très bien, en effet.

ÉVANGÉLINE — Quoi c'est que je vous disais? C'est point de la si mauvaise terre après toute que j'avons au pays.

LE RABBIN — Mais ce n'est pas la mienne. Et le sapin non plus, n'est pas à moi. C'est

101

votre âme que vous avez transplantée là, Évangéline. Et voilà qu'elle germe.

ÉVANGÉLINE — Ç'a germé des boules de Nouel, le mois passé.

Le STOP — Et les pigeons sont revenus salir les aigrettes.

LE RABBIN — Vous verrez qu'un jour il attirera les mouettes et les goélands, votre sapin, vous verrez.

ÉVANGÉLINE — Si i' réussit pas à garder les houmes, coument voulez-vous qu'i' garde les goélands.

LE RABBIN — Faut faire un petit effort, Évangéline, pour se redorser.

ÉVANGÉLINE — C'est ça, moquez-vous de moi, asteur, vous qui pouvez même pas farmer les clapets de votre rabat sans vous pogner le poil de la barbe dans les boutonniéres.

Le rabbin rit. Puis il s'approche du Stop et lui serre la main.

LE RABBIN — Soyez sage, Monsieur Dufour, et prenez soin de notre Évangéline. C'est peut-être la dernière que fera son pays.

Le STOP — Moi, je suis un Tremblay; c'est ma mère, pis la mère de ma mère... (*Il s'embrouille.*)

Le rabbin donne la main à Évangéline qui maugrée :

102

ÉVANGÉLINE — Allez-vous-en dans vos pays chauds ouère si les palmiers se tiendront pus droites que mon sapin ! Et rapportez-nous des oranges à jus quand c'est que l'ennui vous pognera.

Le Stop veut reconduire le rabbin qui refuse d'un geste et s'éloigne.

Le STOP — I' reviendra-t-i' ben vite ?

ÉVANGÉLINE — Jamais. Un juif errant ça repasse pas deux fois au même endroit.

Ils le regardent s'éloigner.

Le STOP — Ben moi, y a de quoi que j'arais ben aimé savoir... C'est-i' ben vrai qu'Évangéline a retrouvé Gabriel à la fin de l'histoire ?

ÉVANGÉLINE — À la fin de l'histouère, oui. Évangéline a retrouvé Gabriel, qu'i' contont, ben sus son lit de mort.

Le STOP — Ah !...

ÉVANGÉLINE — Faisez-moi pas c'te grimace-là ; y a des histouères qui finissont mieux que c'telle-là à Évangéline.

Le STOP — Lesquelles ?

ÉVANGÉLINE — Ben, je sais pas, moi... la Bête à sept têtes ou la Belle au bois dormant.

Le STOP — Connaissez-vous Maria Chapdelaine ?

ÉVANGÉLINE — Non, c'en est-i' une de par chus vous, c'telle-là ?

Le STOP — De Péribonka.

ÉVANGÉLINE — Ah-ha! Et quoi c'est qu'a' faisait? I' l'avont-i' exilée?

Le STOP — Non, elle s'a mariée. Ben, y avait eu en premier Jos Paradis qu'a essayé de l'avoir, ben il est mort dans les bois.

ÉVANGÉLINE — Oui, ben ça c'est mal coumencer une vie, faut dire.

Le STOP — Pis y a eu son frère, Lorenzo Surprenant.

ÉVANGÉLINE — Surprenant, t'as qu'à ouère! C'est vrai que c'est surprenant qu'i' seye le frère d'un Paradis, c'ti-là.

Le STOP — Il a voulu l'amener aux États; ben elle a refusé.

ÉVANGÉLINE — Elle a ben fait.

Le STOP — Oui, c'est la jument Paul-Eugène qui pouvait pas risquer de traverser le lac à la fonte des neiges.

ÉVANGÉLINE — Ah-ha!

Le STOP — Ça fait qu'y en a venu un troisième.

ÉVANGÉLINE — Jamais deux sans trois.

Le STOP — Eutrope Gâgnon.

ÉVANGÉLINE — Et c'est lui qu'a gâgné, je gage.

Le STOP — Ouais. I' s'sont mariés, pis ils sont restés sur la terre.

ÉVANGÉLINE — Ils sont-i' encore là?

Le STOP — Ben c'est seulement une histoire.

ÉVANGÉLINE — Ah!... ça fait rien, c'est une belle histouère! Coume Évangéline. Ça veut dire que les genses de par chus vous restont sus leux terres, ben que nous autres, je nous faisons déporter. C'est ça la destinée. Ben après ça, je sais pas quoi c'est que je fais encore icitte, moi ; y en a déjà deux de partis.

Le STOP — Apparence que le Français, il a retrouvé ses filles dans son pays cet été, une dernière fois.

ÉVANGÉLINE — Oui. Et pis c'est mauvais signe, ça, un vieux qui s'en retorne à la fin de ses jours ouère ses enfants et son pays. C'est tout le temps pour la darniére fois. Après ça il s'en revient mourir en terre étrangére, coume les oiseaux. J'arais jamais dû le quitter faire.

Le STOP — Ben, on peut pas arrêter un homme de mourir.

ÉVANGÉLINE — Ben sûr qu'on peut.

Le STOP — Ah !...

ÉVANGÉLINE — Quand c'est que vous avez frette, quoi c'est que vous faisez ?

Le STOP — Je tremble.

ÉVANGÉLINE — Vous frissounez, et c'est ça qui vous empêche de geler ; et quand c'est que vous avez chaud, vous suez, et ça vous empêche de routir. Ben un houme qui sent son cœur qui veut y sortir du corps et partir à la dérive, faut y dire de le laisser une petite affaire transpirer, et frissouner, et y cogner les reins. Ça l'empêchera de s'engotter.

Le STOP — Ben... le Français, c'était pus une jeunesse...

ÉVANGÉLINE — Quoi c'est vous voulez dire avec votre jeunesse? Vous figurez-vous que les jeunesses d'asteur avont entre les côtes un cœur pus robuste, pus vaillant, ou plusse capable de leu pomper de l'air neuve dans les pommons? Quand c'est que vous arez mon âge, jeune houme, vous apprendrez sartaines varités sus la vie. C'est yelle qui vous instruira. Vous sarez, à ce temps-là, que l'âge a point d'âge: que la pus belle des mains c'est c'telle-là qu'a sa vie et son pays gravés dans la paume; que les pus beaux yeux sont ceuses-là qu'avont regardé le monde en face durant toute une vie; et que l'âme d'une parsoune ratatine point, coume sa peau, que ça se ride point, et vieillzit point, et mourra point, non plus. C'est ça que la jeunesse sait pas encore, par rapport qu'a' vit pas assez longtemps et qu'elle a point eu le temps encore de rien apprendre. Les seuls qu'avont eu une longue vie, c'est les vieux, souvenez-vous de ça. Ça c'est une chouse que je pouvons pas leu louter. Une longue vie, ça appartient rien qu'aux vieux. Ça fait qu'après ça, faut peut-être ben pas trop assayer de leur montrer coument la vivre... trop leu dire de chouses sus la vie... la mort... ...Quand c'est que t'as vu octante fois les outardes revenir dans le ciel, t'as peut-être ta petite idée sus ce qui diffarencie l'autoune du printemps; et quand c'est que septante fois t'as entendu les glaces craquer sous le pont et partir en haute mer, t'as peut-être moins peur de lever la tête et regarder par le large; et quand c'est que toute une longue vie t'as vu naître et mourir les âbres et les houmes tout autour de toi, tu coumences peut-être sus la fin de tes jours à comprendre ce que ça veut dire d'être né natif ici-bas. Après ça, venez point me dire à moi, Évangéline, que je sus rendue au boute, que ma vie acheuve, que j'ai pus rien à ouère, ni à voulouère, ni à demander au Bon Dieu chaque matin à genoux. Faut point venir dire à c'ti-là qui transplante ses racines en terre étrangére sus ses vieux jours de quelle couleur qu'est le temps et coument rauque qu'est le cri des oiseaux de mer...

On commence petit à petit à entendre le cri des goélands qui ira s'accentuant.

ÉVANGÉLINE, *poursuivant* — ...Coume mon grand-pére disait: faut point essayer de montrer à son pére coument faire des enfants. Et moi je dis: faut point s'en venir instruire les vieux, ni les dorloter, ni surtout leu faire des accrouères... Ni les vieux, ni les déportés. Par rapport qu'i' sont les seuls que je counais qui savont toute sus la vie, parce qu'i' sont les seuls qui l'avont recoumencée plusieurs fois et pis qu'i' s'avont rendus jusqu'au boute... jusqu'au boute...

Le STOP, *affolé par les goélands* — Quoi c'est que c'est?

ÉVANGÉLINE — Quoi c'est que c'est? Ha!... ceuses-là au moins te lâcheront pas. I' te suivront. Sancta Maria de Djeu! Ton pays peut jamais traîner assez loin en airiére de toi qu'i ersoudra pas la tête un bon jour, dans le nordet ou le suroît. Si y a un oiseau au monde qui sait retrouver un bâtiment pardu, c'est un goèland.

Le STOP — Les goélands sont arrivés!

Il court dans tous les sens avec son « stop ».

ÉVANGÉLINE — Va les qu'ri'. Montre-leur à traverser la ville sans se faire chier sus les ailes par les pigeons. Et asteur, mon petit sapin naissant, tu seras pus tout seul pour grandir à l'étrange. Le cri du pays est arrivé. *(Pause.)* ...Qui c'est qu'est l'enfant de chœur qu'a osé dire qu'une parsoune pouvait point recoumencer sa vie à quatre-vingts!

Elle s'élance à son tour à la poursuite des goélands.

RIDEAU

TABLE

109

DU MÊME AUTEUR

TRADUCTIONS ET ADAPTATIONS

Richard III (d'après W. Shakespeare), Leméac, 1989
La nuit des rois (d'après W. Shakespeare), Leméac, 1993
La foire de la Saint-Barthélemy (d'après Ben Jonson), Leméac, 1994

ACHEVÉ D'IMPRIMER
EN SEPTEMBRE 2007
SUR LES PRESSES DES
IMPRIMERIES TRANSCONTINENTAL
POUR LE COMPTE DE
LEMÉAC ÉDITEUR, MONTRÉAL

DÉPÔT LÉGAL
1re ÉDITION: 4e TRIMESTRE 1975
(ÉD. 01/ IMP. 2007)